Christoph Gottfried Bardili

Ursprung des Begriffes von der Willensfreiheit

Christoph Gottfried Bardili

Ursprung des Begriffes von der Willensfreiheit

ISBN/EAN: 9783743323698

Hergestellt in Europa, USA, Kanada, Australien, Japan

Cover: Foto ©ninafisch / pixelio.de

Manufactured and distributed by brebook publishing software (www.brebook.com)

Christoph Gottfried Bardili

Ursprung des Begriffes von der Willensfreiheit

Vorrede.

Die Lehre von der Freiheit des menschlichen Willens hat in neueren Zeiten mehr Gewicht bekommen, als je; sie ist der Endpunkt der ganzen Weltweisheit geworden. Bei allen Untersuchungen nun, die ich inzwischen darüber anstellte, konnte ich mich nicht vom Determinismus los machen, und doch auch in der Kantischen Freiheitstheorie nur mislich mit dem Determinismus ausreichen. Ich las daher den 2ten Band der Reinholdischen Briefe über die Kantische Philosophie, welcher mir die nöthigen Ergänzungen hierüber versprach, mit größter Aufmerksamkeit; und mit nicht geringerer Begierde nach neuem

Lichte, dachte ich Hrn. Forbergs Schrift über die Gründe und Gesezze freier Handlungen, mehr als einmal durch. So viel vortreffliches ich nun auch bei beiden fand, so wenig konnte ich in der Hauptsache, die ich suchte, mit ihnen übereinstimmen. Dies veranlaßte mich zu einem Versuche, mich des ursprünglichen Gehaltes und gleichsam der einfachen Bestandtheile des Begriffes von der Willensfreiheit, durch eben die Scheidung zu versichern, welche ich mit der Idee von der Gottheit vorgenommen, noch ehe ich Kants Kritik gelesen hatte. Von Thatsachen der Menschheitsgeschichte gieng ich bei der lezteren aus, führte sie auf psychologische Gesezze zurük, und kam am Ende auf dasselbe Resultat, welches die Kritik durch eine Zergliederung der Vernunft in Rüksicht auf die Idee von Gott herausgebracht hat, daß sie nämlich blos das Produkt der subjektiven Beschaffenheit unserer Menschennatur sei. Selbst die unvermeidliche Beförderung seines Bildes von einer Gottheit zur Objektivität konnte ich beim ursprünglichen Menschen aus psychologischen Gesezzen darthun, und habe dies wirklich in einer neueren Schrift über die Ideenassoziation, wie mich deucht, ziemlich überzeugend dargethan. — Obiger Vorgang ermunterte mich um so mehr, eben dieselbe Art der Untersuchung auch noch auf andere Begriffe anzuwenden, da mir die grössere Publizität, welche eine ähnliche, von mir vorgenommene, Zergliederung der Idee von der Unsterblichkeit, durch ihre Aufnahme in die Berlinische Monatsschrift, erhielt, den mündlichen sowohl als schriftlichen Beifall mehrerer angesehener Männer verschafte. Wäre mir aber auch, weder bei dem ersten noch zweiten Versuche, eine solche Schadloshaltung für andere Unbilligkeiten widerfahren: so würde mich doch nichts haben zurükhalten können, den Menschen vorerst überall in der Erfahrung und Geschichte aufzusuchen, alsdann, was an ihm ist so genau, als wäre sonst nichts an ihm, auf Naturgesezze zurükzuführen, und endlich, nach dieser naturgeschichtlichen und physikalischen Behandlungsart desselben, erst mit eigenen Augen zu sehen, was dann von seinen Besizthümern der Metaphysik noch anheim falle. Ich hoffe, mich noch bis dahin zu erheben; aber ich eile nicht damit. Oft wird mir bange für manchen trefflichen jungen Mann, wenn ich die Schlußsteine schon alle fertig in seinen Händen sehe: oft steigt dabei der Wunsch in mir auf, möchte sie doch einem solchen das heilsame Dunkel alter Mysterien noch verhüllt, und ihn noch länger an die Erde gefesselt haben. Wer sich einmal zum Forschen berufen glaubt und von Jugend auf daran gewöhnt hat, weiß alsdann kaum mehr was er mit seiner Thätigkeit in diesem Stükke anfangen soll. Nicht nur für die, freilich oft in's kleine fallenden, Rüksichten der nothdürftigen menschlichen Klugheit, sondern auch für die Gesezze und den intensiven Genuß der, in seinen Augen blos um Realität buhlenden, Natur ist sein Blik zu überirrdisch geworden.

Alles schrumpft ihm nur in eines zusammen, und das Bindewort für seine Begriffe wird, — und muß dem tiefsinnigen Denker in diesem Falle zulezt werden — allgemeiner Weltverband. Ich stehe da und bewundere, es schmeichelt mir doppelt Mensch zu seyn, wenn ich glükliche Genies von meiner Wesenklasse auf den steten Fittichen der blosen reinen Vernunft sich schon so früh zu einer Höhe aufschwingen sehe, gegen welche die gröſten Köpfe ihren Flug (ohne es entwikkelt zu denken) im Grunde schon seit Jahrtausenden hinnahmen; die sie aber, öffentlich wenigstens, nie erreichten. Allein ich halte mich noch gar zu gerne in der Natur, auf: sie giebt mir noch so viel zu lernen, noch so viel zu genieſſen, wenn ich mich oft selbst nicht mehr genieſſen mag. Ich weiß gar wohl, wie ich aus ihr hinaus, aber ich weiß nicht, wie ich wieder zu ihr zurük kommen könnte; — und mich schon izt auf ewig trennen, nein, dies fiele mir zu schwer. — Es umschwebt mich etwas, es begleitet mich überall und läßt sich nicht abweisen, das fühl' ich wohl, auch wenn ich mitten unter Naturgesezzen wandle. Aber so wenig ich dies Etwas in Raum und Zeit einschliessen kann, eben so wenig vermag ich es für izt noch in deutlichen Begriffen fest zu halten. Ich zürne dies gar nicht: denn es ist mir nur um so heiliger: schmiegt sich, nach dem abwechselnden Spiele meiner Seelenkräfte, nur um so inniger an jede an, weil noch keine es ausschliessend nach sich gemodelt hat: es hilft mir nicht nur, sondern drängt mich oft über die Natur hinaus; aus seiner feierlichen Hülle bricht, nach dem Bedürfnisse einer izt eben vorgenommenen Untersuchung, so bald ich die Stimmen der Natur darüber abgehört habe, unfehlbar auch ein Lichtstral hervor: und so ward es mir in der Lehre von der Willensfreiheit ebenfalls zulezt das unbekannte, unbedingte, aber auch nur in seinem Dunkel begreifliche, folglich unbegreifliche, προτρεπον und ἀποτρεπον meines Geistes; nachdem ich's mit Naturgesezzen hierinn so weit getrieben hatte, als ich konnte. Was ich selbst noch nicht begreiffe, das mache ich auch zu keinem Gegenstande meines Lehrvortrages, und ich bleibe daher in diesem, wie z. B. in meiner allgemeinen praktischen Philosophie, immer noch innerhalb der Grenzen des Determinismus. Wo wir in unsern Begriffen Exoteriker sind, da, scheint es mir manchmal, seien wir in unsern Erfahrungen bereits Isoteriker, und was können wir dann thun, wenn wir je weiter gehen wollen, als, ohne eine vorgreiffende Theorie, einen jeden gleichfalls auf seine eigenen Erfahrungen hinweisen? Seine Menschheit wird sich noch an jedem rechtfertigen, und wo sie bei einem mit ihren Ansprüchen sonst nicht durchdringen kann, sich der siegenden Gewalt des Schiksals bedienen, um ihre Rechte geltend zu machen. Ich bin von meinem künftigen helleren Daseyn so gewiß überzeugt als von meinem izigen dunklen; — aber fraget mich nicht, warum? Denn ich müßte euch sonst nicht nur alle die individuellen Räder, woraus das innere Triebwerk meiner Gedanken und Empfindungen zusammengesezt ist, aus einander legen, sondern euch auch mit dem Anstoße und der Richtung bekannt machen, den es in meiner Lage gegen die Welt von aussen erhalten hat; beides kann ich nicht, und ohne beides zu wissen, sehet ihr mit meinen Ueberzeugungen nicht ins klare. *) Schon die Sprache ist zu eintönig, um den vielfachen inneren Wiederhall seines Selbstes vollständig auch in andere überzuleiten. — Nur eine Gesellschaft Geistesverwandter Menschen könnte vielleicht stillschweigend das alles zusammen darstellen, was die Menschheit von ihrer eigenen Würde oft durchschauert! — Da ich mich in dieser Schrift einigemal auf eine andere, kürzlich von mir erschienene, über die Ideenassoziation und insbesondere ein, bisher unbemerktes, Grundgesez derselben, berufe: so finde ich es nicht unschiklich, auch der Oppositionen zu gedenken, welche in der Tübingischen gelehrten Zeitung (5tes Stük von 1796) gegen das, von mir aufgestellte, Grundgesez der Ideenassoziation

---

*) Es ist, wie leicht zu erachten, hier blos von philosophischen Ueberzeugungsgründen, und ostensiven Beweisen die Rede.

gemacht wurden. Der Rez: misbilliget, "daß ich unter Ideenassoziation nicht nur, wie er sich ausdrükt, die Wirkungen der reproducirenden, sondern auch die der produktiven Einbildungskraft begreiffe." Diese produktive Einbildungskraft, die ich, nach des Rez: Meinung, nicht mehr hätte zur Ideenassoziation zählen sollen, bedeutet nun entweder eine ganz eigene Fähigkeit der Einbildungskraft, ohne gegebenen Sinnenstoff blos aus sich völlig neue Vorstellungen hervorzubringen; oder aber die Einbildungskraft produzirt nur in so ferne, als sie den, aus dem Sinnenstoffe genommenen, Merkmalen durch eigenthümliche Trennungen und Verbindungen auch eine eigenthümliche Form giebt (Siehe Seite 11 m. Schrift §. 9. Anm.) Daß der Rez: bei der empirisch betrachteten Einbildungskraft, — und von welcher kann denn sonst hier die Rede seyn? — noch der ersten Meinung zugethan seyn sollte, kann ich um so weniger vermuthen, je allgemeiner seit geraumer Zeit die Bemühungen einiger Psychologen das Vorurtheil zu tilgen suchten, als stünde es in der Gewalt der Einbildungskraft, neue, einfache und ursprüngliche Vorstellungen aus sich selbst und ohne alle, von dem Sinnenstoffe entlehnte, Merkmale, hervorzubringen. Höchst wahrscheinlich besagt also dem Rez: seine produktive Einbildungskraft mehr nicht, als was ich in meiner Schrift l, c. das Vermögen der Einbildungskraft nannte, den sinnlichen Merkmalen wahrgenommener Gegenstände eine eigenthümliche Haltung oder Form zu geben, kurz, sie auf eine eigenthümliche Art zusammen zu sezzen. Und diese Verrichtung der Einbildungskraft soll nicht mehr zur Ideenassoziation gehören? Das eigenthümliche Zusammensezzen aufgefaßter sinnlicher Merkmale in unserm Kopfe sollte von mir widerrechtlich als Folge unserer eigenthümlichen Assoziationsgesezze betrachtet worden seyn? Was

nennen SJE denn affoziren, wenn's
dies nicht ist? — SJE müssen, nach Ihren
Aeusserungen zu urtheilen, glauben, nur bei
der reproduzirenden Einbildungskraft
werde affozirt; dies hiesse, wenn reproduziren hier einen Sinn haben soll, so viel
als: wir affoziren, oder verbinden
unsere Vorstellungen nur alsdann
nach eigenthümlichen Affoziations-
gesezzen, wann wir die aufgefaß-
ten sinnlichen Merkmale gerade so
wieder hergeben, wie sie uns ursprünglich in der Erscheinung gegeben wurden, d. i. wir affoziren
nur dann, wann wir nichts affoziren, sondern alles, wo möglich,
schlechthin so zurükrufen, wie's
uns die Erscheinung das erstemal
überlieferte! — Ich halte es für ein
Verdienst, dies nicht zu glauben; und SJE
werden mich also hierinn schwerlich je eines
besseren belehren. Aber, könnten SJE sagen, zur produktiven Einbildungskraft
gehören ja nicht nur eigenthümliche Ver-

bindungen, folglich nicht blos die Geseze der Ideenassoziation, sondern es gehören auch eigenthümliche Trennungen darzu, wenn aus dem Alten etwas Neues produzirt werden soll: gehören aber zur produktiven Einbildungskraft auch eigenthümliche Trennungen; nun so darf man sie wenigstens nicht ganz zur Ideenassoziation rechnen. SJE hätten wohl gethan, dies zu sagen, und dagegen hinwegzulassen, was gleich folgen wird. Ich habe mich also diesfalls nicht gegen SJE, sondern gegen meinen eigenen Einwurf zu vertheidigen; und das will ich. Jede Trennung in der Welt, und eben so in unserm Kopfe, — ist mir nur eine relative Trennung, so ganz relativ, daß ich mir in und mit einer jeden Trennung auch schon wieder eine neue Verbindung denken muß, und umgekehrt: ich kann dies nicht anders. Indem diese Dinte sich von meiner Feder trennt, so verbindet sie sich mit diesem Papier; indem ich einen Theil meines Tisches in Gedanken von ihm trenne; so verbinde ich ihn entweder blos mit einer anderen

Gegend des Raumes, oder, wenn ich diesen Theil meines Tisches je ganz in Gedanken zernichten, folglich mehr als nur trennen, will, so wende ich eben statt der Kategorie des Seyns die des Nichtseyns auf ihn an; und es geht also in keinem Falle eine Trennung ohne neue Verbindung, dabei vor. Was vom Allgemeinen gilt, muß auch vom Besonderen gelten das unter ihm steht; ohne mich daher bei der Trennung unsrer Vorstellungen in der Einbildungskraft auf Erfahrungen zu berufen, kann ich nicht nur, sondern muß, nach meinem Begriffe von Trennung, behaupten, daß auch in unsrer Einbildungskraft keine Trennung unsrer Vorstellungen ohne neue Verbindung vorgehe, und daß sich also die sogenannte produktive Einbildungskraft, auch da wo sie trennt, ganz füglich zur Ideenassoziation rechnen lasse: trennen ist auch hier blos relativ, und heißt: was bisher mit diesen Vorstellungen vergesellschaftet war, mit anderen verbinden. Doch auf diese Seite war ja Ihr Angriff gar nicht gerichtet; sondern es mißfällt Ihnen nur a) „daß ich die Erfüllung des leeren Raumes und der zukünftigen Zeit durch Phantasiebilder, als Wirkungen der Ideenassoziation betrachte." Als Wirkungen der Ideenassoziation, sagen SJE, anstatt daß SJE hätten sagen sollen: „als Wirkungen des Ergänzungsgesezzes, das der Verfasser aller Ideenassoziation zum Grunde legt." Es ist keine Wortklauberei, wenn ich den Ausdruk so sezze, wie er, dem Sinne meiner Schrift gemäs, heissen muß; denn daß die Ideenassoziation, so wie man sie bisher und ohne das Ergänzungsgesez, betrachtete, Antheil haben soll an der Erfüllung des leeren Raumes und der zukünftigen Zeit durch Phantasiebilder, dies scheint auffallend; daß aber auch der leere Raum und die zukünftige Zeit (als etwas leeres) mit einer, wenigstens subjektiven, Erfüllung durch Vorstellungen, von Seiten des Menschen nicht werden verschont bleiben können, wenn dem lezteren ein eigenes Ergänzungsgesez in die Seele gedrukt ist, dies dürfte wohl niemand befremden. Ist Ihnen übrigens Ihr bisheriger Begriff von der Ideenassoziation so sehr zur andern Natur geworden, daß man mit keinem Ergänzungsgesezze mehr dabei ankommen kann: so nehme ich es auch in diesem Falle auf mich zu zeigen, daß die Produktion von Bildern sogar nach einem alten Gesezze nicht ganz unschiklich als Wirkung der Ideenassoziation könnte betrachtet werden. SIE verwerfen doch wohl das Gesez der Koexistenz nicht; und was heißt koexistiren? nichts anders, als nach Raum und Zeit verbunden, vorgestellt werden. Was heißt, ein Bild produziren? — das, was nach Raum und Zeit mit einer gewissen (existirenden) Sache zunächst verbunden war, auch in die Vorstellung von ihr aufnehmen, also seine Vorstellung von einer Sache nach dem Koexistenzgesezze ergänzen; oder aber umgekehrt, das was man sich nur (als möglich) zusammendachte, sich auch

b

als nach Raum und Zeit verbunden, folglich abermal nach dem Koexistenzgeseze verbunden, vorstellen. Auf jene Art kann ich aus dem blosen Namen Cäsars nach und nach Cäsars Bild produziren, auf diese Art produzirt man Centauren, Chimären, kurz die ganze weite Welt der blosen Dichtungen. Wird also bei Ihrer produktiven Einbildungskraft nicht auch assozirt, selbst dann assozirt, wenn man es, was ich darum noch nicht im Sinne habe, mit den Assoziationsgesezen beim alten bewenden liesse? — Aber die Hauptschwierigkeit macht Ihnen noch ein anderer Punkt. Das, daß ich die Wirkungen Ihrer produktiven Einbildungskraft eben sowohl als die Wirkungen Ihrer reproduzirenden unter der Ideenassoziation begreiffe, missfällt Ihnen nämlich b) insbesondere deswegen, „weil die Reproduktion in eben dem Grade unwillkührlich ist, in dem die Produktion willkührlich verfährt. Ich wünschte, SIE hätten dies weggelassen; denn es thut mir leid es sagen zu müssen, aber es ist so: SIE können sich hiebei unmöglich selbst verstanden haben. Wie, mein Werthester Herr Rezensent, die Reproduktion ist schlechthin unwillkührlich? — SIE müssen es sich also gefallen lassen, Ihre Einbildungskraft mag Ihnen einen gehabten Sinneneindruk reproduziren, wann, wo und wie sie will; Ihr Wille kann durchaus nicht darüber gebieten, daß Ihnen das Bild eines Freundes izt, da SIE es haben wollen, beigeht, oder daß es lebendiger, vollständiger in Ihnen wird? Eben so wenig kann Ihr Wille in irgend einem Falle die Reproduktion eines, Ihnen unangenehmen, Eindruks hemmen; SIE müssen sich ihm hingeben? — Nein, sehen SIE, was SIE sagen wollten, ist eigentlich dies: das, was in der Einbildungskraft reproduzirt wird, ist in Rüksicht auf das zu reproduzirende Objekt etwas unwillkührliches; das Objektive daran, aber keineswegs der aktus der Reproduktion, steht dabei nicht in unsrer Gewalt, d. i.

wenn es nun ein Löwe seyn soll, dessen Bild ich gern reproduzirte, so darf das Bild, als Bild eines Löwen, freilich keine cervicem equinam haben; sonst wäre der Löwe nicht reproduzirt, sondern ein ganz besonderer Löwe von meiner Einbildungskraft produzirt worden. Aber gilt es denn Ihnen gleichviel, ob SJE sagen: die Reproduktion ist unwillkührlich, oder aber, das, zu reproduzirende Objekt ist unwillkührlich; ob SJE sagen: das Wachsthum ist ein organischer Körper, oder aber, die Pflanze ist ein organischer Körper? — Nicht besser ergieng es ihnen mit der Produktion; denn die Produktion, behaupten SJE, verfahre in eben dem Grade willkührlich, in welchem die Reproduktion unwillkührlich sei. Die Produktion verfährt demnach willkührlich, d. i. wir können in unserer Einbildungskraft produziren was wir wollen. So hört man zwar im gemeinen Leben nicht selten urtheilen; allein, ich muß gestehen, SJE sind der erste Psychologe, den ich behaupten höre, die vermeynten selbstbeliebigen Dichtungen, oder, nach Ihrem Ausdruke, die Produktionen unserer Einbildungskraft hangen von keinem andern Gesezze, als von unserer Willkühr ab. Ich meines Orts glaubte bisher, daß gerade das anscheinende Spiel selbstbeliebiger Dichtungen, also die willkührlichen Wirkungen Ihrer sogenannten produktiven Einbildungskraft, ganz eigentlich unter die Gesezze der Ideenassoziation gebracht und darnach beurtheilt werden müssen; von nun an hingegen werde ich, nach Ihrer gütigen Zurechtweisung, behaupten

1) die Dichtungen, oder, in ihrer Sprache, die Wirkungen der produktiven Einbildungskraft, seien etwas ganz und gar willkührliches, und stehen schlechterdings unter keinem Gesezze der Ideenassoziation.

2) Nur da werde assozirt, wo die Einbildungskraft, wenn ein reines Reproduziren möglich wäre, blos reproduzirt, d. i. nur da werde assozirt wo nichts assozirt, son-

dern das Alte rein so gelassen wird, wie sich's in der Erscheinung darstellte.

Habe ich SJE gefaßt? — Ich hoffe; auf allen Fall erlauben SJE mir aber doch, auch noch bei Ihrer Produktion, wie es vorher bei der Reproduktion geschah, die interpretationem mitiorem zu versuchen. SJE sagen, die Produktion verfahre willkührlich, und sagen hiemit, dem Wortverstande nach, etwas, das jedem Psychologen unbegreiflich ist. Sollten SJE nicht etwa auch hier haben sagen wollen: das was die Einbildungskraft, als Produktions-Vermögen, hervorbringt, ist in Rüksicht auf die, uns in der Erscheinung gegebenen, objektiven Naturformen, kein nothwendiges, sondern ein blos willkührliches Produkt, d. i. die Einbildungskraft darf sich als eigenes Produktionsvermögen, nicht an die, von der Natur (objektiv) vorgeschriebenen Formen halten; sie kann vielmehr dem Sinnenstoffe, nach ihrem eigenen Maaße und Leiste, eine eigene thümliche, folglich, keineswegs als actus, sondern blos in Rükſicht auf die Natur willkührliche, Form geben? Iſt dies Ihr Sinn, ſo heißt

1) Ihre willkührliche Produktion weiter nichts, als, wenn die Einbildungskraft ſelbſtbildet, ſo hat ſie nicht nöthig, ſich dabei an die (objektiv gegebenen) Naturformen zu binden.

2) Ihre unwillkührliche Reproduktion heißt dann nichts weiter, als, wenn die Einbildungskraft blos nachbildet, ſo muß ſie, wo möglich, auch blos nachbilden d. i. ſich an das Maas und den Leiſt der Naturformen halten, ohne daß ſie ſich dabei eigenthümliche Modifikationen des Sinnenſtoffes geſtatten dürfte.

Sind wir nun mit Ihrer hochklingenden Terminologie, nachdem ihr endlich eine Bedeutung untergelegt worden, auch nur einen Schritt weiter; ſollte es mir izt, da der Dunſt zerſtreut iſt, nicht eher bange seyn, wie ich für die blosen Reproduktionen meine Assoziationsgeseze werde brauchen können, als für die eigenthümlichen Produktionen der Einbildungskraft? — Denn wo sie selbst produzirt, da muß sie doch, wie gesagt, ihr eigenes Maas und ihren Leist darzu haben, und wo finden SJE diesen, wenn er nicht in der Ideenassoziation liegt? Wo sie hingegen nur reproduzirt, — im Fall es je ein ganz reines Auffassen sowohl als ganz reines Reproduziren gäbe, — da scheint es falle das Bedürfniß eines eigenen Maases, und hiemit auch das Bedürfniß eigener Assoziationsgeseze, hinweg.

Bis hieher habe ich mit Ihnen meine Methode, immer vom niedrigsten anzufangen, und vorerst das blos Empirische zu berichtigen, durchgemacht, und, wie mich deucht, erprobt. Aber ich sehe SJE hohnlächeln; der gute Mann versteht mich gar nicht, sagen SJE, meine produktive Einbildungskraft ist ja nicht einmal mein;

ste ist Kantisch, und Kantisch ist auch
die Reproduzirende; Seite 152 der
Kritik der reinen Vernunft (2te Ausgabe),
da steht ausdrüklich geschrieben:

> So fern die Einbildungskraft nun
> Spontaneität ist, (hier haben wir das
> Willkührliche!) nenne ich sie auch bis-
> weilen die produktive Einbildungs-
> kraft, und unterscheide sie dadurch
> von der reproduktiven, deren
> Synthesis lediglich empirischen Gese-
> zen, nemlich denen der Assoziation,
> unterworfen ist, und welche daher
> zur Erklärung der Möglichkeit
> der Erkenntniß a priori nichts
> beiträgt, und um deswillen
> nicht in die Transzendental-
> philosophie, sondern in die
> Psychologie, gehört.

Verzeihen SJE, Herr Rezensent, wenn
ich auch diesmal wieder zuerst die Terminologie, das heißt Ihre Brustwehre, zu er-
steigen trachte. Kant spricht hier von der

Transzendentalphilosophie; er will die Bedingungen angeben, ohne welche gar keine Erkenntniß für den Menschen möglich wäre. Zu diesen Bedingungen fordert er nicht nur das apriorische Daseyn der Kategorieen; — denn wie sollte man mit diesen allein in die Welt der Erscheinungen herauskommen? — sondern er fordert darzu auch noch eine besondere Mitwirkung der Einbildungskraft. — Wenn eine Erkenntniß für den Menschen möglich seyn soll: so muß die Einbildungskraft zwischen Verstand und Sinne in die Mitte treten, und, als die Verwandtin von beiden, eine Verbindung zwischen Verstandeswirkungen und Sinneneindrüken produziren; sonst wäre der Mensch ausser Stand irgend etwas zu erkennen. Daß nun die Einbildungskraft in diesem Betrachte, als eine von den Bedingungen der Möglichkeit unserer Erkenntniß, noch nicht nach empirischen Assoziationsgesezzen beurtheilt werden könne, das sieht doch wohl ein jeder ein. Aber eben so wird auch niemand läugnen, daß es gegen alle Methode ist, die Einbildungskraft in dieser Rüksicht und als ein Objekt der Transzendentalphilosophie, in das Feld des empirischen herüberzuziehen, und wo von Erzeugung sinnlicher Bilder gesprochen wird, zu behaupten:

> Diese sinnlichen Bilder können deswegen nicht durch die Ideenassoziation erzeugt werden, weil die Einbildungskraft als Transzendental d. i. als Bedingung der Möglichkeit einer Erkenntniß überhaupt, noch unter keiner Ideenassoziation stehe.

Ist denn die Frage: was muß der Möglichkeit einer menschlichen Erkenntniß überhaupt auch von Seiten der Einbildungskraft apriorisch zum Grunde liegen? eines mit der Frage: nach welchen Regeln verfährt die Einbildungskraft, wenn sie eben izt und in einer gewissen bestimmten Zeit ein Bild hervorbringt? Folgt daß wenn sie dort über die Ideenassoziation erhaben ist, sie auch hier und bei diesem empirischen Geschäfte über dieselbe erhaben seyn müsse? Ist es endlich nicht eine Verwirrung der Begriffe, wenn SJE die Einbildungskraft, welche Kant in jenem transzendentalen Sinne **produktiv** nennt, nun auch in diesem empirischen Sinne, als blose Bildnerin eines gegebenen Stoffes nach eigenen erfahrungsmäsigen Gesezzen, **produktiv** nennen, und beide ganz kontrastirende Verrichtungen der Einbildungskraft in einen Ausdruk zusammenzwingen wollen? — Die Einbildungskraft **produzirt** also, im Kantischen Sinne, als **Transzendental**, d. i. sie produzirt, in so ferne sie eine Transzendentale Synthesis der Anschauungen, den Kategorieen gemäs, durch eigene Spontaneität hervorbringt. Die Einbildungskraft **reproduzirt** hingegen nur, im Kantischen Sinne, in so ferne sie nun nicht mehr blos als der Grund der Möglichkeit einer Erkenntniß überhaupt betrachtet, sondern bereits, als mit einem empirisch gegebenen Stoffe versehen, gedacht wird, den sie nicht selbst peoduzirt, sondern nach Assoziationsgesezzen nur bald so bald anders, bald unter dieser bald unter einer andern Form, wieder hergiebt, oder reproduzirt. Dies Reproduziren nennt dann der Empiriker ein Selbstbilden, wenn sich die Einbildungskraft dabei nicht eben genau an die äusseren Naturformen hält; ein Nachbilden, wenn sie diese so rein kopirt, als es ihr möglich ist. SJE hingegen haben jenes Selbstbilden, welches gleichwohl wie das Nachbilden von empirischen Gesezzen abhängt, mit dem Geschäfte der Kantischen produktiven Einbildungskraft verwechselt. So viel von Ihrer ersten Opposition! von den übrigen werde diejenigen, welche einer Antwort bedarfen, in einem Journal beantworten, da der Raum hier zu enge ist. Insbesondere hoffe ich Ihnen zeigen zu können, daß das Gesez der Ergänzung nicht, wie SJE behaupten, gar nichts, sondern sehr viel erkläre, wenn man versteht, was in der empirischen Philosophie Erklären heißt.

Stuttgart den 28 Febr.
1796.

Der Verfasser.

Ursprung des Begriffes von der Willensfreiheit.

Ὥσπερ ἐγιγνωσκεν ὄυτως ἐλεγε.

Den Weg zu bezeichnen, auf welchem der Mensch ursprünglich zu seinen wichtigsten aussersinnlichen Vorstellungen gelangte, gewährte mir von jeher nicht nur die lehrreichste Unterhaltung; sondern schien mir auch das sicherste Mittel zu seyn, sich über den Werth, die Haltbarkeit und Wahrheit dieser Vorstellungen selbst, befriedigende Aufschlüsse zu verschaffen. — Mit den Begriffen von einem Geiste, von Gott, der menschlichen Seele und der Unsterblichkeit des Menschen machte ich schon vor geraumer Zeit den Anfang *), und nun ist also nur noch

*) Epochen der vorzüglichsten philosophischen Begriffe nebst den nöthigsten Beilagen (Halle b. Gebauer, 1788) Ursprung der Begriffe von Unsterblichkeit und Seelenwanderung, in der Berlinischen Monatschrift (Februar 1792. Seit. 106.) Neue Erläuterungen dessen, was ich in beiden Schriften vortrug, enthält eine kleine, erst kürzlich von mir erschienene, Schrift: Ueber die Geseze der

A

die Ableitung des Begriffes der Willensfreiheit aus der wesentlichen Einrichtung der Menschennatur übrig. Bei der Entwiklung dieses lezten ahndete ich gleich Anfangs weniger Schwierigkeit, als ich bei den übrigen gefunden hatte: denn über ihn herrschte, so weit die Geschichte reicht, nur e i n e Stimme, die blos in den Schulen verschiedene Auslegungen erhielt; da im Gegentheile beinahe jedes Volk Gottheit und Unsterblichkeit sich wieder auf eine ganz eigene Art vorstellte.

Daß es in der Macht des Menschen stehe, recht oder unrecht zu handlen, wie es ihm beliebe; daß es, wo er unrecht that, nur auf ihn angekommen wäre, das Gegentheil zu thun: daß also der Grund seiner so oder anders beschaffenen Handlungsweise einzig in seiner Willkühr zu suchen sei, dies finden wir überall, wo wir Begriffe von Recht und Unrecht finden, als unbestrittene Thatsache vorausgesezt. Der Vater gab seinen Kindern Ermahnungen, der Demagoge seinem Volke Geseze, der Schuzgott befahl, was ihm und seinen Vertrauten gefiel: und keiner, — selbst der Schuz-

Ideenassoziation und insbesondere ein, bisher unbemerktes, Grundgesez derselben (Tübingen b. Heerbrandt 1796) Seit. 30, §. 4. Num. 3, und Seit. 60 : 67.

gott zweifelte keinen Augenblik, daß es ganz von der Willkühr eines jeden abhange, den erhaltenen Ermahnungen und Befehlen Gehör zu geben, oder nicht. Hatte auch die Religion einzelner Völker die Schiksale der Menschen, oder wenigstens den Willen des obersten Gottes, welchem sie ihre Leitung anvertraute, dem eisernen Szepter eines unerbittlichen Verhängnisses zum theil unterworfen: so unterwarf sie doch die freien Handlungen des Menschen nicht eben derselben zwingenden Nothwendigkeit; sondern ihm war es vielmehr von der Mosaischen Urgeschichte an bis auf die neuesten Völkergeschichten unbedingt anheimgestellt, d e r S ü n d e i h r e n W i l l e n z u l a s s e n, o d e r ü b e r s i e z u h e r r s c h e n. Mußte ferner, wie bei den Amerikanischen Wilden, ein K i t i t s c h y M a n i t u, ein eigener böser Geist, das Böse; und ein K i t s c h y M a n i t u, ein eigener guter Geist, das Gute im Menschen bewirken: so stand es doch immer, wenigstens anfänglich, in seiner Willkühr, dem Kitschy oder Kititschy die Oberherrschaft in seinem Gemüthe einzuräumen. — Ohne also zu fragen: wie geht es dabei zu? ohne sich nur zu besinnen: wie ist es möglich? — war, wie gesagt, nur e i n e Stimme unter den Völkern darüber, daß es ein jeder ganz in seiner Gewalt habe, recht oder unrecht zu handlen, wie es ihm beliebe. Ob man keinen Widerspruch begehe, wenn man auf der andern Seite dem Menschen doch wieder einen **überwiegenden** Hang zum Bösen beilegte, auch daran wurde nicht gedacht. — Es ist daher kein Wunder, wenn es um den Willen der Götter, dieser, aus der Menschennatur herausgebildeten, überirrdischen Wesen, meistens eben so selbstbeliebig aufsahe, als um den Willen der Sterblichen. Nur aus einem, gleich unbedingten, göttlichen Wollen, wie man sich das menschliche vorstellte, wird erklärbar, wie die Götter des Alterthums oft so ganz ohne Verstand, ja gegen alle Begriffe von Sittlichkeit, handlen, und doch dabei das Ansehen anbetungswürdiger, übermenschlicher Naturen auch in den Augen der Vernünftigeren behaupten konnten. Ihre Grösse lag bei den Alten durchweg in der **Grösse und Allmacht eines unbedingten Willens, der zu allen möglichen Kraftäusserungen gleich gefaßt, sich zur Hervorbringung von Gegenständen selbst bestimmen konnte, ohne an irgend ein Gesez, es sei der Sittlichkeit oder des Verstandes, nothwendig gebunden zu seyn.** *) Es

*) Stand ihnen auch in manchen Fällen das Schiksal im Wege, oder widersezte sich die unveränderliche Grundbestimmung eines ewigen Stoffes ihren Absichten, so blieb doch immer noch eine beträchtliche Summe von Gelegenheiten übrig, wo sie jenem

läßt ſich keine Ungereimtheit, kein moraliſches oder intellektuelles Gebrechen, an den Göttern; kein phyſiſches an der, von ihnen hervorgebrachten, Welt gedenken, das ſich nicht, als Folge einer ſolchen allesvermögenden höchſteigenen Selbſtbeſtimmung zu jeder beliebigen Kraftäuſſerung, rechtfertigen, ja ſogar, als zu ihrer göttlichen Oberherrlichkeit gehörig, hätte darſtellen laſſen. Man ſiehet übrigens deutlich, von welcher Klaſſe der Menſchen dieſer unbedingte Götterwille zunächſt mochte abgezogen worden ſeyn. War es doch noch in ſpäteren Zeiten einer der geprieſenſten chriſtlichen Philoſophen, der, nachdem er dem Menſchen eine vollkommen gleichgültige Freiheit, ganz im populären Sinne des Worts, beigelegt hatte, mit eben dieſer Art von Freiheit, vom Menſchen auch zur Gottheit, wie die Alten, aufſtieg, und einen unbedingten, ſelbſt an keine Geſeze des Verſtandes gebundenen, Willen unter die höchſten Vollkommenheiten des oberſten Weſens aufnahm. Freilich ſcheint er dieſen kühnen Gedanken erſt da zu wagen, wo ihn Ungereimtheiten ſeiner Kirche, die dieſe für göttliche Offenbarungen ausgab, ins Gedränge brachten; allein glüklicher hätte er, unſeres Bedünkens,

Charakter ihrer Gröſſe, eine unbedingte Willkühr, anbringen konnten. — διὸς δ' ἐτελείετο βυλή.

die vorgegebene göttliche Autorität nicht nur dieses, sondern eines jeden andern Aberglaubens, unmöglich in Schuz nehmen können, als indem er ihn auf die Rechnung eines unbedingten, selbst über alle Vernunftgründe weit erhabenen, Willens Gottes schrieb. Er hätte sich dabei nur noch auf die Analogie und ganz gleiche Verfahrungsart der Alten berufen dürfen, welche auf demselbigen Wege, wie er, menschliche Laster und Thorheiten mit dem Begriffe von ihren Göttern vereinigten, wäre nicht zu befürchten gewesen, daß eine solche Parallele das, was er gut machen wollte, auf einmal wieder verderben könnte. Uebrigens bleibt es immer merkwürdig, einen Philosophen von so grossem Ansehen, als des Cartes war, in seinen Vorstellungen von einem freien Willen gerade eben den Gang nehmen zu sehen, welcher, wie gezeigt wurde, der Gang des Menschengeschlechtes überhaupt war. Er hält es nämlich, wie der gemeinste Mensch, für eine Sache, die man ohne allen weitern Beweis als Thatsache voraussezen darf, für eine Sache, die, wenn man sich auch vorseze an allem zu zweiflen, doch unerschütterlich fest stehe, daß dem Menschen ein besonderes Vermögen der eigenen freien Willkühr, eine gleichgültige Freiheit, zukomme. (Principia Philos. P. I, p. 8. 9.) Er rechnet es zu den vorzüglichsten Vollkommenheiten des Menschen, daß er nach Willkühr d. i.

frei handlen könne. (ac summa quædam in homine perfectio est, quod agat per voluntatem, hoc est, libere, ib.) Aber in einem noch weit höheren Grade schreibt er der Gottheit freie Willkühr (indifferentiam) zu; denn, sagt er, obgleich der Mensch das Böse oder das Gute selbstbeliebig wählen kann, so fand er doch die Natur des Guten sowohl als des Wahren schon vorher von Gott bestimmt, und nur da, wo er das, von Gott vorher bestimmte, Gute und Wahre nicht deutlich genug einsieht, kann er sich aus sich selbst auch zum Gegentheile bestimmen. (Atque ita longe alia indifferentia humanæ libertati convenit quam divinæ; Responſ. ſextæ p. 139.) Mit der göttlichen Willkühr hingegen verhält es sich anders; durch diese wurde selbst die Natur des Guten und Wahren festgesezt, sie hätte also machen können, daß das, was izt wahr und gut ist, auch nicht wahr und nicht gut, daß 2. 2 = 5. wäre; durch diese ist alles so wie es ist, beschlossen, hervorgebracht, geordnet worden, und es würde erniedrigend für die Gottheit seyn, wenn ihr Wille von irgend etwas anderem, ausser ihm selbst, — wäre es auch die reinste Vernunftidee, — abhienge. Diese Willkühr, bei Gott in ihrer höchsten Ungebundenheit gedacht, diese unbedingte Fähigkeit, sich selbst zur Hervorbringung seiner eigenen Vorstellungen nach Belieben zu bestimmen, wogegen freilich die menschliche Willkühr, wie alles Endliche, am Unendlichen gemessen, sich in ein Nichts verliert, ist der stärkste Beweis von der Allmacht Gottes, (& ita summa indifferentia in Deo summum est ejus omnipotentiæ argumentum ib.) — Finden wir hier unsern Weltweisen nicht durch die Aufnahme einer gleichgültigen Freiheit in seine Philosophie, gegen eben die gefährliche Klippe angetrieben, woran die Alten mit ihren Gottheiten scheiterten, die, indem sie das Können was man will, und Können blos weil man es will, zur verworrenen Grundidee eines göttlichen Wesens machten, die Gottheit selbst zum ärmlichsten aller Dinge erniedrigten? — Zwar protestirt er feierlichst dagegen, daß die Willkühr, welche er Gott beilege, eines sei mit der menschlichen, und will also nicht auf dem, von uns angegebenen, Wege von der lezteren zu der ersteren aufgestiegen seyn; allein wo hätte er denn irgend den Begriff einer Willkühr hernehmen können, wenn er ihm nicht, als denkbarer Grund gewisser Kraftäusserungen überhaupt, vorerst bei der Erklärung menschlicher Handlungen vorgeschwebt wäre? und wenn denn diese, bis zum Schrankenlosen von ihm ausgedehnte, Idee, nach ihrer widernatürlichen Umgestaltung, die Merkmale ihres ersten Ursprungs verläugnete; ist es etwa befremdender, als wenn wir alle in unserem Bilde von einer un-

endlichen Gottheit nicht sogleich wieder die Kopei
des endlichen, und nur in unseren Vorstellungen von
seinen Grenzen entbundenen, Verstandes erken‑
nen? — *)

*) Die, hieher gehörigen, Worte des Des Cartes sind
l. c. Quantum ad arbitrii libertatem, longe alia
ejus ratio est in Deo, quam in nobis; repugnat
enim, Dei voluntatem non fuisse ab
aeterno indifferentem ad omnia, quae
facta sunt, aut unquam fient, quia nul‑
lum bonum, vel verum, nullum ve cre‑
dendum, vel faciendum, vel omitten‑
dum fingi potest, cujus idea in intellectu
divino prius fuerit, quam ejus volun‑
tas se determinarit ad efficiendum, ut
id tale esset. Neque hic loquor de prioritate
temporis, sed ne quidem prius fuit ordine, vel na‑
turâ vel ratione ratiocinatâ, ut vocant, ita scilicet,
ut ista boni idea impulerit Deum ad unum potius
quam aliud eligendum. Nempe, exempli causa,
non ideo voluit mundum creare in tempore, quia
vidit, melius sic fore, quam si creasset ab aeterno:
nec voluit, tres angulos Trianguli aequales esse duo‑
bus rectis, quia cognovit, aliter fieri non posse e. c.
Sed contra, quia voluit mundum creare in tempore,
ideo sic melius est, quam si creatus fuisset ab aeter‑
no: et quia voluit tres angulos Trianguli necessa‑
rio aequales esse duobus rectis, idcirco jam hoc
verum est, & fieri aliter non potest, atque ita de
reliquis. — — — (Nun erklärt er einen Lehrsatz
der Römischen Kirche nach seinem aufgestellten Be‑

Hoc volo, sic jubeo, sit pro ratione voluntas (Juv. VI, 223.) — Dies war also die allgemeine, und zum theil selbst durch die Philosophie gerechtfertigte, Volksidee von der menschlichen Willensfreiheit. Wer Böses that, und war er auch der verhärtetste Sünder, der wurde immer so angesehen, als hätte er das Gute nur wollen dürfen, statt dessen aber habe er selbstbeliebig das Böse gewollt. Vous l'avés voulu, vous l'avés voulu, George Dandin, vous l'avés voulu, läßt Moliere in seinem George Dandin, auf alle Klagen Dandins ganz kategorisch antworten (1. 7.) und drükt hiemit die allgemeine, ja nach des Cartes, angebohrene **, Idee des Menschen von seiner Willensfreiheit aus.

griffe von der Freiheit Gottes.) — — Sed quantum ad hominem, cum naturam omnis boni et veri jam a Deo determinatam inveniat, nec in aliud ejus voluntas ferri possit, evidens est, ipsum eo lubentius, ac proinde etiam liberius, bonum & verum amplecti, quo illud clarius videt, nunquamque esse indifferentem, nisi quando, quidnam sit melius aut verius ignorat, vel certe, quando tam perspicue non videt, quin de eo possit dubitare: atque ita longe alia indifferentia humanae libertati convenit, quam divinae. —

**) Quod autem sit in nostra voluntate libertas, & multis ad arbitrium vel assentiri vel non assentiri possimus, adeo manifestum est, ut inter primas &

Allein izt entsteht die wichtige Frage: wie gelangte denn der Mensch ursprünglich zu dieser Vorstellung von seiner Willensfreiheit; denn sie, mit des Cartes, schlechthin unter die angebohrnen Begriffe zu zählen, und also den Knoten zu zerhauen, dürfte wohl heutzutage so wenig mehr jemanden beigehen, als unsere Idee von Gott, nach eben diesem Philosophen, schon mit uns gebohren werden zu lassen. Daß übrigens dieses Auskunftsmittel das allerkürzeste wäre, wer wird dies läugnen?

Mich deucht, man könne sich der Auflösung der Frage Schritt vor Schritt nähern, wenn man sie vorerst folgendermaaßen theilt. Erstlich untersucht man: **Was und wie viel sich an jener allgemeinen Meinung von der Willensfreiheit auf wirkliche und unverwerfliche Beobachtung gründe?** Zweitens, was der Mensch dabei blos zu beobachten glaubte, und drittens, woher der trügliche Schein komme, der diesem Glauben zum Grunde liegt?

Die Erörterung des ersten Punctes wird uns zugleich in den Stand sezen, die Vorstellungen von **Freiheit, Wille, Gleichgültigkeit,**

<small>maxime communes notiones, quæ nobis funt innatæ, fit recenfendum. Princ. Philof. P. I, p. 9.</small>

Willkühr in ihrer ursprünglichen Reinheit und unentstellten Natur zu erblikken; ein Schauspiel, das einem in der Philosophie nur gar zu selten gewähŗt wird.

Das Menschengeschlecht hat seinen Charakter; der einzelne Mensch hat seinen Charakter, wie ihn das Geschlecht der Pflanzen und die einzelne Pflanze hat. Charakter sezt eine Gesezmäsigkeit und also Einheit in den Wirkungen voraus, die sein Gepräge tragen. Allein, ungeachtet wir wirklich an dem einzelnen Menschen sowohl als an seinem ganzen Geschlechte eine solche Einheit unter fest stehenden Vernunft- und Naturgesezen gewahr werden: so findet sich doch daneben auch wieder eine auszeichnende Mannigfaltigkeit, wenn es bei ihm zu Kraftäusserungen kommt. Es sei mir erlaubt, diese Mannigfaltigkeit vor der Hand mit dem Ausdrukke einer latitudo in dem Charakter der Menschheit zu bezeichnen, und dann die Fälle aufzuzählen, in welchen sich dieselbe nach unverwerflichen Beobachtungen äussert. — Ich kann a) rechts oder links, vorwärts oder rükwärts, hinauf oder hinab, so weit oder weiter, gehen, oder meinen Arm bewegen (latitudo in usu spatii.) Ich kann b) etwas izt oder später, schnell oder langsam thun (latitudo in usu temporis.) Ich kann c) viel oder wenig von einer Sache nehmen; mich ihrer oft, sparsam, oder gar selten bedienen (latitudo in usu quantitatis.) Ich kann d) etwas von dieser oder jener Farbe, diesem oder jenem Stoffe, diesen oder andern Eigenschaften überhaupt wählen; kann es wählen, um es zu besizzen, oder zu genieſſen und genieſſen zu laſſen (latitudo in uſu qualitatis.) Ich kann e) ein Objekt körperlich oder geiſtig, und dann wieder dichteriſch oder philoſophiſch u. ſ. w., ich kann es mit Fleiß und Anſtrengung, oder nachläſſig und obenhin bearbeiten (latitudo in uſu virium generatim.) Ich kann f) etwas nach meinen Einſichten, oder nach den Einſichten eines andern, und in beiden Fällen nach einem höheren oder niedreren Grade von Einſichten; ich kann es alſo auch nach meinem Gutbefinden, oder nach dem Gutbefinden und auf Befehl eines andern, thun (latitudo in uſu virium intellectualium tam in me quam extra me.) Meine Einſichten ſelbſt können g) entweder richtig (mit dem Geſezze, unter dem ſie ſtehen, übereinſtimmig) oder unrichtig ſeyn; beide können entweder zur Hervorbringung einer Wirkung auſſer mir zureichen (lebendig werden) oder nicht zureichen (todt ſeyn) (latitudo in modo intelligendi, & in intellecti efficacia.) Alle dieſe verſchiedenen Arten möglicher Mannigfaltigkeit in meinen Kraftäuſſerungen, dieſe geſammte latitudo des, in ſeiner Einheit gleichwohl, unverrükt dabei beſtehenden, Charakters der Menſchheit an mir, gründet ſich auf Erfahrungen, die theils durch ihre, ins unendliche gehende, und sich jeden Augenblik ereignende, Wiederholung in mir und allen Menschen, theils durch die Deutlichkeit, womit sie sich dem Bewußtseyn eines jeden einbrükken, so sehr über allen Zweifel erhaben sind, daß ihre Richtigkeit bezweiflen wollen, eben so viel wäre, als den Glauben an sein eigenes Menschendaseyn aufgeben. Sie allein machen das aus, und erschöpfen es ganz, was an unserer Freiheitsvorstellung r e i n e T h a t s a c h e ist; denn man versuche es nur, thue einen Schritt weiter, sezze z. B. nur das beliebte: v o n s e l b s t: hinzu, und sehe dann, ob man da nicht schon unter geschlossenen Begriffen wandelt. Soll also unsere Vorstellung von der menschlichen Freiheit wirklich, wie man heutzutage will, schlechterdings nichts, als eine reine Thatsache zu ihrer Grundlage haben: so darf man auch schlechterdings nichts weiter in ihren Begriff aufnehmen, als die genannten verschiedenen Arten möglicher Mannigfaltigkeit in den menschlichen Kraftäusserungen. S i e a l l e i n sind Erfahrung; und soll folglich unsere Freiheit sich auch nur auf Erfahrung stüzen, so darf sie in nichts anderes gesezt werden, als in die oben erwähnte mögliche Mannigfaltigkeit des, in seiner Einheit gleichwohl unverrükt dabei bestehenden, Charakters der Menschheit an uns, oder kürzer, in die oben erwähnte mögliche Mannigfaltigkeit menschlicher Kraftäusserungen. So bald der Begriff noch durch den Beisaz einer selbstbeliebigen Bestimmung zu einer solchen Mannigfaltigkeit, erweitert, und also der Grund dieser Mannigfaltigkeit noch in die Vorstellung der Freiheit hineingezogen wird, so wird an die reine Basis der Erfahrung etwas hingeflikt, das ja schon als Grund, nicht einmal ein mögliches Objekt der Erfahrung ist, sondern in Ermanglung einer anderen, eben so schleunigen, Auskunft, bloß geschlossen wird; das aber dessen ungeachtet, weil man auf einem haltbaren Grund und Boden seine Sache auszumachen glaubt, allerdings zum kühnsten Herumtummlen unter allerlei Subtilitäten, einladet. Möchte man, ehe man so weit geht, nur erst an sich die Frage thun: ob es denn möglich sei, sich selbst als den Grund von irgend etwas zu erfahren, oder ob man so was nicht vielmehr nur schliessen und denken müsse, und wenn man es nur denkt und schließt, ob es alsdann mit Recht in seinen erfahrungsmäsigen Begriff von der Freiheit hineingehöre.

Was bisher von der Freiheit (libertas) gesagt wurde, das kann ich alle Augenblikke an mir und anderen unwidersprechlich beobachten. Aber eben so unwidersprechlich ist B) auch diese Beobachtung, daß ich zu dem Einen unter jener Mannigfaltigkeit eine Neigung, gegen das andere hingegen eine Abneigung in mir verspühren kann: dies ist Wille (voluntas); denn vermöge meines Willens begehre ich das Eine, und verabscheue das Andere, aus welchen Gründen es nun auch geschehen mag. — Ich beobachte C) ganz zuverläſſig, daß es mir oft gleichgültig ist, was ich von jener Mannigfaltigkeit realiſire, ob ich z. B. rechts oder links in meinem Zimmer auf und niedergehe, ob ich viel oder wenig, dieſes oder jenes Stük von einer Sache nehme u. ſ. w. Dies ist die indifferentia meines Gemüths, wie ſie, auſſer dem Syſteme, in ihrer unentſtellten Natur ausſiehet. — Ich weiß es endlich D) gar wohl, daß, wenn ich mich in ſolchen gleichgültigen Fällen nun doch zu dem Einen entſchlieſſe, ich mir dabei oft ſchlechterdings keines Entſcheidungsgrundes deutlich bewußt bin; und will ich denn je dies, daß ich mir oft in ſolchen Fällen keines Entſcheidungsgrundes deutlich bewußt bin, alſo dieſe Thatſache, mit einem allgemeinen Namen belegen, ſo kann ich ſie Willkühr (liberum arbitrium) nennen: allein dieſer Ausdruk wird mir alsdann, (wenn er nicht mehr enthalten ſoll, als in meiner Beobachtung lag,) auch durchaus nichts weiter bedeuten dürfen, als den actus meines Gemüths, da es in gewissen gleichgültigen Handlungsfällen sich selbst keine Rechenschaft davon zu geben weiß, warum es sich izt gerade für dies, und nicht vielmehr für das andere, entschied. Ich befinde mich nämlich hier in eben dem Falle mit mir selbst, worinn ich mich mit einem, auf den Tisch hingeworfenen, Würfel befinde, wenn ich sagen solle, warum ich mit ihm nur 3, und nicht vielmehr 6, geworfen habe. Redlich zu gestehen, weiß ich mir keine Rechenschaft davon zu geben: möchte aber eben doch gerne dergleichen thun, als wüßte ich etwas, das für meine Unwissenheit einstehen könnte; und nenne also das, daß sich mein Würfel unter mehreren gleich möglichen und gleich wahrscheinlichen (gleichgültigen) Fällen nun gerade für die Nummer 3 entschieden hat, ein Ungefähr. Glaubte ich in diesem Ungefähr in der That einen reellen Entscheidungsgrund für einen, an sich willkührlichen, Fall gefunden zu haben; glaubte ich, dies Ungefähr sei es, welches den Ausschlag für die Nummer 3 gegeben habe, so würde ich mich billig in jedermanns Augen lächerlich machen. Bescheide ich mich hingegen, und will mit meinem Ungefähr mehr nicht, als die Thatsache ausdrukken, daß ich für meinen Wurf von 3 keinen Grund deutlich anzugeben wisse: so wird man mir's allgemein ganz gerne so hingehen

B

laſſen, daß ich meiner Unwiſſenheit einen Mantel umzuhängen, und da wenigſtens noch Worte zu machen im Stande bin, wo mich meine Gedanken verlaſſen. Genau ſo verhält es ſich mit dem Ausdrukke Willkühr; er iſt unverwerflich und hat einen Sinn, ſo lange er blos die Thatſache bezeichnen ſoll, daß ich, bei gleichgültigen Handlungsfällen, oft mir ſelbſt nicht deutlich bewußt bin, warum ich mich zu dem einen, und nicht vielmehr zu dem andern, entſchloß. Blos dies, und mehr nicht, kann ich von einer Willkühr in mir wirklich beobachten, wenn ich mir je eine beilegen will.

Allein, nachdem gezeigt worden iſt, was der Menſch in Rükſicht auf ſeine Freiheit wirklich an ſich beobachtet, ſo fragt ſich nun auch zweitens: Was er daran blos zu beobachten glaubt. Wir fangen mit dem lezten, nämlich mit der Willkühr, zuerſt an, und folgen hierinn, wie ſich bald ergeben wird, dem Gange, den die Menſchheit ſelbſt in der, bei ihr allgemein herrſchenden, Vorſtellungsart von ihrer Freiheit nahm. Die, bei ihr allgemein herrſchende, Vorſtellungsart von ihrer Freiheit war nämlich, wie wir geſehen haben, dieſe, daß ſie in einer bloſen Willkühr beſtehe: von den gleichgültigen Handlungsfällen, bei welchen man ſich keines Entſcheidungsgrundes deutlich bewußt war, gieng man alſo aus; beredete sich, da wo man mit anderweitigen Gründen vermeyntlich am Ende war, lasse es sich ja nicht anders machen, als daß man in sich selbst allein und ausschliessungsweise den vollgültigen Grund von gewissen Erscheinungen suche: und verwandelte so die, im Bewußtseyn gegebene, Thatsache seiner eigenen Kurzsicht, verwandelte seine eigene Unkunde bestimmender Gründe, in ein positives Vermögen; die **Willkühr ward zur Seelenkraft erhoben**. Hatte man es doch mit seiner Unwissenheit in einem andern Stükke auf gleiche Weise versucht; und es war geglükt. Wo man keine wirkende Triebfedern in der Natur mehr einsah, ließ man es nicht dabei bewenden, die Schranken seiner Einsicht offenherzig zu gestehen; sondern theilte lieber die Rollen im Spiele der Natur unter gewisse erhöhete, und ausser sich hinausversezte, Menschenkräfte aus, und wurde so, troz aller seiner Kurzsicht, Meister über alle Erscheinungen der äussern Welt. Die Meisterschaft über alles, was in einem vorgieng, verschafte man sich mit eben der beliebten Kürze durch die Willkühr: denn, gleichwie der rohen Unwissenheit, wo sie im Erklären der Welterscheinungen steken blieb, nun immer ein Gott zu Hülfe kam, so erschien izt die Willkühr, als schleunigstes Hülfsmittel, unausbleiblich, wo es einen Charakter zu erklären, eine Handlung zu beurtheilen gab. Sie entschied ist nicht blos in solchen Fällen, wo man wirklich sich keines überwiegenden Grundes für das eine oder das andere bewußt war, dessen ungeachtet aber das eine that und das andere unterließ, z. B. anstatt rechts zu gehen, links gieng; sondern selbst über Neigungen und Leidenschaften, ja über Gesezze und Vernunftprinzipien dehnte sie ihre Herrschaft aus: das ganze Thun und Lassen des Menschen ward von seiner Willkühr abhängig gemacht; der Begriff des Willens also in seiner erfahrungsmäsigen Bedeutung d. i. als ein Bestimmtwerden zu einer Sache durch die Neigung und das Interesse seines Gemüths für sie, es gründe sich nun dies, worauf es wolle, — dieser erfahrungsmäsige Begriff gänzlich verdreht; der Wille in die Hände der Willkühr, als einer höheren Gebieterin, überliefert, zu einem gleichgültigen (indifferenten) Willen gemacht, und, nachdem man dem blinden Namenwesen der Willkühr alles zu Füssen gelegt hatte, ward es endlich noch mit dem schönen Titel der menschlichen Freiheit geziert. Bei dieser Verwiklung und Verwirrung der Begriffe glaubte man um so mehr alles aus eigenen untrüglichen Selbstbeobachtungen zu schöpfen, je füglicher die ganze schiefe Operation, ohne was bestimmtes dabei zu denken, unter dem Geleite bloser verworrener Gefühle, vollzogen werden konnte. Wenn man einer Neigung gefolgt, einer Leidenschaft untergelegen war, so meynte man es nachher zu fühlen, daß es nur auf seine eigene Willkühr angekommen wäre, jener nicht zu folgen, und dieser nicht zu unterliegen; und ungeachtet man in dem Augenblicke der Folgeleistung das Uebergewicht der einen und der andern gar wohl mochte empfunden haben, so beredete man sich doch, verführt durch das **izige** Gefühl seiner Unabhängigkeit von der **vorübergegangenen** Leidenschaft, nicht jenes damalige **Uebergewicht** derselben habe schon an sich der Sache den Ausschlag gegeben; sondern man hätte, troz alles Uebergewichtes, doch die, dadurch veranlaßte, That, wo nicht die Verhinderung des Uebergewichtes selbst, völlig in seiner Macht gehabt. Kurz man betrachtete izt alle freie Handlungen des Menschen aus dem Gesichtspunkte eines beliebigen Rechts - oder Links - gehens auf einem Spazierwege, und erachtete sich durch die Bemerkung vollkommen darzu berechtigt, daß man es ja nachher so unwidersprechlich und oft so bitter empfinde, wie gar wohl eine geschehene Handlung auch hätte unterbleiben können. Je roher die Menschheit noch ist, desto unbarmherziger sind die Zumuthungen, die sie auf die Voraussezzung einer solchen, ganz beliebigen, Meisterschaft des Menschen über sich, gründet, desto unbedingter richtet, und desto rascher bestraft sie. Was nicht schlechthin zum physischen Bedürfnisse desselben gehört, das wird, ohne die Möglichkeit sonstiger Bestimmungsgründe auch nur einer Ueberlegung zu würdigen, ganz allein als Folge seiner eigenen freiwilligen Wahl betrachtet, ja selbst seine physischen Uebel haben seinen unbedingt freien Willen zu ihrer ersten ursprünglichen, und den Zorn des Himmels zu ihrer zweiten Quelle. Gedanken, wie diese, die keine Erkenntniß mehr enthalten, sondern nur als Gränzpfäle des Erkennens an die Spitze einer ganzen grossen Reihe von wirklich beobachtbaren (erkennbaren) Erscheinungen hingepflanzt wurden, scheinen den Vortheil aller Extreme zu haben; sie nehmen den Menschen ausserordentlich für sich ein. Sie schmeicheln ihm aber auch noch insbesondere deswegen, weil sie eines der ersten Bedürfnisse seines Gemüthes befriedigen, ein Bedürfniß, dessen Daseyn und Stärke ich, wie mich deucht, durch unverwerfliche Thatsachen erwiesen habe *), und welches darinn besteht, daß er schlechterdings nirgends keine Leerheit, sie sei nun durch die Unkunde von Gründen für gewisse Erscheinungen, oder durch was sie will, veranlaßt, in seinem Gemüthe dulden kann, (fuga vacui) und daher im gemeinen Leben eben die nächsten besten, aber aus dieser Ursache auch

---

*) Man sehe die angeführte Schrift über die Ideenassoziation von Seite 27 an.

oft unstatthaftesten, Mittel ergreift, um nur jenes dringende Bedürfniß bald möglichst zu stillen. Endlich geht es mit jenen, die Stelle wirklicher Erkenntniß vertretenden, Gedanken wie mit den Münzen; sie sind einmal für gewisse Bedürfnisse geprägt, sind der kürzeste Weg zu ihrer Befriedigung, sind in allgemeinen Umlauf gesezt und gelten; wer sollte da so eigensinnig seyn und noch nach ihrem Gehalte fragen wollen, ehe er sie einnimmt und wieder ausgiebt? Wem die Mannigfaltigkeit ihrer Bezeichnung in allen, selbst den ältesten, uns bekannten Sprachen, wem der Reichthum der, nur um ihretwillen geschaffenen, Ausdrükke unter gebildeteren Völkern, noch Zweifel darüber erwekken sollte, daß sie keine wirkliche Erkenntniß seien, sondern blos für die Lüken unsers Erkennens einstehen, der erinnere sich nur einen Augenblik, wie bereitwillig sich alle Arten artikulirter Töne für solche Gelegenheiten anerbieten, wo man, um eine Leerheit auszufüllen, doch etwas sagen muß, und weil man in der That nicht weiß, was man sagen soll, auf Variationen im Nichtssagen studiert; — er erinnere sich also, um das gemeinste zu nennen, der unerschöpflichen Complimenten-Phraseologie. Ist aber einmal eine ähnliche Phrasensammlung über jene, die Stelle wirklicher Erkenntniß vertretende, Gedanken zu stande gebracht, und man fängt nun insbesondere an auch darüber zu philosophiren, so widerfährt den Phrasen noch die Ehre, daß sie als die zarten Adern reichhaltiger Mienen von überschwenglicher Erkenntniß angesehen, und also noch weit mehr bearbeitet werden.

Die lezte und wichtigste Frage ist nun noch übrig. Ihre Aufgabe besteht darinn, daß gezeigt werden soll: woher denn der trügliche Schein komme, vermöge dessen der Mensch sich für berechtiget hält, den Grund seiner freien Handlungen in seiner eigenen blosen Willkühr zu suchen? Ich könnte mich vor das erste schlechthin auf das, bereits gesagte, beziehen, daß er nämlich durch ein eigenes, ganz deutlich an ihm beobachtbares, Gesez innerlich gedrungen wird, aus seiner Erkenntniß ein Ganzes zu machen (sie gleichsam zu arrondiren) und daher da, wo aus Mangel an wirklich erkennbaren, befriedigenden Gründen eine Lüke in derselben entsteht, diese Lüke, so gut er kann und in möglichster Kürze, auszufüllen. Gehört nun, wie niemand in Abrede seyn wird, zu jedem möglichen Total einer Erkenntniß nothwendigerweise auch das, daß an den Erscheinungen, worauf sie sich bezieht, dem Geseze des zureichenden Grundes wenigstens subjektiv und im Menschen selbst Genüge geschehe (es geschehe dies auch, auf welche Art es immer will, wahr oder falsch; wenns nur das Gesez, der Form nach, befriediget;) so ist leicht zu erachten, daß der Regressus ins Unendliche, oder das langsame Fortschreiten von dem näheren auf den entfernteren, und von diesem wieder zu einem entfernteren Grunde, der ursprünglichen Einrichtung unserer Natur gar nicht entspreche. Denn erstlich hat man auf diesem, eigentlich philosophischen, aber langweiligen, Wege der Erfahrung die Unannehmlichkeit, daß dem Gesezze des zureichenden Grundes noch nicht mit dem nächsten, und nicht mit dem entfernteren, ja nicht einmal mit dem allerentferntesten Grunde vollkommen Genüge geschiehet; vielmehr wird man damit überall noch weiter und wieder weiter zurükgewiesen: folglich kommt das Arrondiren der Erkenntniß, worauf das Gesez der Ergänzung gleichwohl unablässig bringt, nie zu Stande. Zweitens heißt, den Prozeß immer weiter hinausschieben, so viel als ihn gar nicht schlichten; und eben so geschiehet dem Gesezze des **zureichenden** Grundes eigentlich da gar keine Genüge, wo kein Grund bis ins Unendliche hinauf **ganz** zureicht. Weil nun aber bei den Handlungen des Menschen, im Falle man sie sich als unter Naturgesezzen stehend, dächte, in der That ein Regressus von Grund zu Grund bis ins Unendliche einträte, und man doch auch hierinn auf ein Ganzes seiner Erkenntniß auszugehen innerlich gedrungen wird, so treibt man lieber in sich selbst etwas auf, wobei man stehen bleiben und also den Prozeß diesfalls schliessen kann: man macht den Menschen selbst zum eigenen beliebigen Urheber seines Thuns und Lassens, zum Schöpfer in seiner inneren moralischen Welt, d. i. man sucht den zureichenden Grund seiner Handlungen in seiner eigenen blosen Willkühr. — Allein was rechtfertiget denn scheinbar dieses Auskunftsmittel, wie kommt es, daß sich der gemeine Menschenverstand so durchgängig dabei beruhiget? Der Grund hievon liegt schon in der Natur unseres Bewußtseyns. Diese bringt es nämlich so mit sich, daß wir uns aller Verrichtungen unsers Gemüthes **nur der Form, nicht aber der Materie nach,** wie es Aristoteles ausdrükt, bewußt werden; nur was dem **Dialektiker**, nicht aber was dem **Physiker** an unsern Gemüthswirkungen angehört, kommt, nach dem Ausdrukke eben desselben Weltweisen, in unserm Bewußtseyn vor. Man untersuche einmal seine Sinnenerkenntniß! Indem ich mein Aug auf dies Papier gerichtet habe, so werde ich mir zwar des Eindruks, den dasselbe auf meinen Sehnerven macht, der **Form nach,** bewußt: das Resultat von dem, was izt in diesem Augenblikke zwischen diesem Gegenstande und meinem Sehnerven vorgeht, wird in meinem Bewußtseyn angekündiget; aber die, diesem Resultate von **meiner Seite** zum Grunde liegende, **Materie,**

d. i. die **physische** Modifikation der Häute und Säfte, der Crystalllinse, des Sehnerven in meinem Auge, meiner Gehirnfibern, kurz der **ganze Grund**, warum mir izt dies Papier gerade so, und nicht anders erscheint, stellt sich meinem Bewußtseyn nicht zugleich mit jenem Resultate dar. Dem Dialektiker wird daher sogleich, was ihm werden soll, so bald sich seine Augen öffnen; der Stoff zu seiner **Dialektik** ist ihm schon in und mit seinem Bewußtseyn gegeben, und er darf nicht aus demselben hinausgehen: denn sein Geschäfte ist es ja blos, sich seine Vorstellung, **als Vorstellung, der Form nach**, zu zergliedern, und deswegen war auch vielleicht Dialektik die Erstgeburt der Philosophie. Man trägt, was zu ihr gehört, mit sich herum; omnia mea mecum porto, gilt von dieser weltberühmten Kunst, die auch die Metaphysik der Alten begreift. Bei weitem nicht so glüklich ist der **Physiker**, welcher auch vielleicht eben deswegen erst die späte Geburt neuerer Jahrhunderte ward. Ihm giebt das blose leere Bewußtseyn noch nichts von dem, was er zu einem Gegenstande seiner Untersuchungen brauchen könnte, er muß sich herausbegeben aus dem Ich zur Materie, muß Nerven, Muskeln, Häute, Säfte, Fibern, muß die Natur des Lichtes und des Schalles beobachten: mit einem Worte, er muß erst sammlen, inzwischen der Dialektiker das, ihm und jedem Menschen schon in und mit seinem Bewußtseyn gegebene, nur zerlegen darf. Auf gleiche Weise verhält es sich mit unsern Empfindungen und Gemüthsbewegungen; auch ihrer werden wir uns nur der Form, nicht aber der Materie nach, bewußt. Bei den Anwandlungen des Zornes z. B. empfinden wir zwar ein heftiges Verlangen, den Gegenstand desselben zu vertilgen; aber von seinen physischen Bedingungen in unserm Körper, von dem, was mit unsern Nerven und Muskeln, mit unsern Lebensgeistern und unserm Blute vorgehen muß, um jenes Resultat zu bewirken, hievon werden wir im Augenblikke der Gemüthsbewegung nichts gewahr; und der Zorn erscheint uns daher auch als bloße G e m ü t h s bewegung in unserm Bewußtseyn. Anders findet sich die Sache, wenn der Physiker seine Elemente untersucht: und deswegen sagt auch der Stagirite (de an. Cap. I.) auf eine ganz verschiedene Art müssen der Physiker und Dialektiker den Zorn definiren; indem ihn dieser für die Begierde der Wiedervergeltung eines erlittenen Uebels oder für dergleichen etwas, jener hingegen für die Gährung des, sich um das Herz herum anhäufenden, Blutes oder des Wärmestoffes erklären werde. Steigen wir weiter hinauf zu unsern höheren Seelenkräften, und untersuchen unsere Gedanken selbst in dieser Absicht, so wird sich auch an ihnen ein gleiches zeigen. Indem ich gegenwärtig meine Gedanken hier niederschreibe, so gehen sie alle zwar als Gedanken in meinem Bewußtseyn vorüber; aber sie theilen diesem auch nicht die mindeste Spuhr von den Bedingungen mit, unter welchen sie überhaupt, oder gerade in dieser Folge und Verbindung, aus meinem Gemüthe hervorgehen. Ich werde mir der Kraft, die sie bewirkt, nicht als Kraft, sondern bloß ihrer Wirkungen bewußt: was sich mir in diesem Augenblikke von ihr zu erkennen giebt, sind eben ihre Resultate. — Sollte es sich nun mit unserem Wollen anders verhalten, als mit unserem Denken und unseren gesammten übrigen Gemüthskräften? — Es wird darauf ankommen, was uns die Erfahrung dießfalls lehrt, und diese weiß in der That hierinn von keiner Ausnahme. Wenn wir nämlich wollen, so werden wir uns in demselbigen Augenblikke auch dieses Wollens bloß als eines Wollens, (seiner Form nach) — mithin als einer blosen Willkühr; nicht aber der, es bewirkenden, Kraft, (seiner Materie nach) bewußt. Würde daher ein Stein, wie Spinoza richtig bemerkt, während des Flugs durch die Luft plözliches Bewußtseyn bekommen, so müßte auch der Stein glauben, nicht die Hand, welche ihn in die Luft geschleudert hatte, sondern er selbst, ertheile sich diese Bewegung. Und warum dies? Spinoza löst zwar den Fall nicht aus der Natur des Bewußtseyns auf; allein nur dieses gewährt ihm, auf die angezeigte Art, eine ganz einfache und doch befriedigende, Auflösung; denn vermöge der Natur des Bewußtseyns könnte der Stein durch dasselbe allein, schlechterdings noch nichts von der, seine Bewegung bewirkenden, Kraft erfahren; und in seinem Bewußtseyn käme also nur das Resultat derselben, nämlich die Bewegung selbst, vor: folglich müßte er, wenn er über die Ursache seiner Bewegung (wie der Dialektiker) blos aus dem datum des Bewußtseyns klug werden, und nicht (wie der Physiker) aus demselben hinaufgehen wollte, um Erfahrungen zu Hülfe zu nehmen, durchaus nichts als Grund seiner Bewegung angeben können, ausser dem, was ihm ebenfalls schon mit seinem Bewußtseyn gegeben wurde, ausser seinem Ich. Könnte er aber, unter den angezeigten Umständen, nichts ausser seinem Ich, als Grund seiner Bewegung angeben, und könnte gleichwohl auch nichts ohne Grund denken: so müßte er eben sein Ich auch zum Grunde seiner Bewegung machen, d. i. er müßte dafür halten, er selbst sei der alleinige Urheber seiner Bewegung. Dies nun auf unser Wollen, als einen actus, angewandt; und die unvermeidliche, von so vielen Philosophen sogar kanonisirte, Täuschung, welche dabei mit unterlauft, wird klar werden. Das beste wird seyn, wenn ich zuerst wieder einen indifferenten Fall als Beispiel wähle. Es ist mir an sich ganz gleichgültig, ob ich rechts oder links in meinem Zimmer auf und niedergehe; jedoch entschliesse ich mich, diesmals rechts zu gehen. Will ich nun bei dem stehen bleiben, was von diesem Entschlusse, im Augenblikke seines Entstehens, in meinem Bewußtseyn vorkommt, so finde ich darinn nichts von ihm ausgedrukt als seine Form: mein Bewußtseyn sagt mir nichts weiter hierüber, als ich gieng rechts, weil ich rechts gehen wollte. Es kann demnach, vermöge der Natur meines Bewußtseyns, nicht anders seyn, als daß mir mein Entschluß eben als ein Entschluß, mein Wollen als ein Wollen (ohne im Augenblikke desselben auch nur die minudeste Spuhr von seiner Materie gewahr zu nehmen) dargestellt wird, und wie es mir geht, so geht es in gleichen Fällen allen Menschen; auch ihnen wird dann, vermöge der Natur ihres Bewußtseyns, im Augenblikke des Entschlusses, ihr Wollen blos als ein Wollen dargestellt. Es kann aber auch vermöge des Gesezzes, das auf die Totalität jeder möglichen Erkenntniß in mir dringt, nicht anders seyn, als daß auch an jenem actus meines Wollens dem Prinzip des zureichenden Grundes, als eines wesentlichen Erfordernisses zur Totalität meiner Erkenntniß, unverzüglich Genüge geschehe. Nun habe ich nichts näher bei der

Hand, als die unmittelbaren data meines Bewußtseyns, diese aber sind a) mein Ich überhaupt und
b) im gegenwärtigen Falle ein gewisses Wollen,
als bloses Wollen; soll folglich an diesem actus
meines Wollens dem Prinzip des zureichenden
Grundes Genüge geschehen, muß dies so gar nothwendigerweise, und zwar unverzüglich, geschehen,
weil mein Gemüth schlechterdings keine Lüke in
seiner Erkenntniß dulden kann: so bleibt mir ja zu
diesem Behufe nichts übrig, als daß ich mein Ich
mit dem gegenwärtigen actus meines Wollens
schlechthin in das Verhältniß des Grundes zu seinem Begründeten sezze, und sage: mein Ich, wie
es mir in und mit meinem Bewußtseyn schon gegeben ist, enthält auch den zureichenden Grund
meines Wollens. Dies Ich aber, auf gewisse Willensakte schlechthin als ihr Grund bezogen, heißt
nichts anders, als meine **Willkühr**, wie sie sich
der gemeinste Mann, mit Ueberspringung aller anderweitigen wirklichen Bestimmungsgründe, denkt,
und, vermöge des bereits erwähnten, denken muß.
Lezterer ist daher in diesem Stükke der wahre Dialektiker, er bleibt, wie dieser, bei der **Form** stehen; nur mit dem Unterschiede, daß er es bei
der Form, als dem **nächsten** bewenden läßt;
der Dialektiker aber diese Form als das **höchste**,
und mit der gemeinen Erfahrungskenntniß ja nicht
mehr zu vermengende, betrachtet. Würde es dem

gemeinen Manne zuzumuthen seyn, daß er aus seinem Ich auch ein wenig herausschaute, und sich nicht durch die unvermeidliche Unvollständigkeit, womit sein bloses Bewußtseyn zwar die Form, aber nicht die Materie seiner Willensakte, ausdrukt, sogleich zu einer einseitigen Entscheidung hinreissen liesse, mit einem Worte, würde ihm schon die mindeste Physik zuzutrauen seyn: so hätte wohl sein Ich, das er auch in seinen Göttern und Geistern strapazierte, von jeher nicht so viel zu thun bekommen. Allein es ist ein, nur aus dem Gesezze der Ergänzung erklärbarer, Charakter selbst des gemeinen Menschenverstandes, daß er, schon ehe einmal recht erfahren, und das Erfahrene vollständig beobachtet worden ist, mit Entscheidungsgründen da ist, von denen er sich selbst keine weitere Rechenschaft geben kann; die aber eben dadurch, daß sich von ihnen (ohne Psychologie) keine weitere Rechenschaft geben läßt, den Schein der Axiome erkünsteln. In diesem Sinne könnte man es daher ganz gerne zugeben, daß Weltweise, welche die Willkühr in Schuz nehmen, sie, als ein Axiom des gemeinen Menschenverstandes, etwa einer demonstrativen Sittenlehre voranschikten. Machte es doch Euklid in seinen Elementen auch so mit der Grössenlehre! — Allein ich besinne mich so eben erst wieder, wo ich es oben gelassen habe. Beim Rechts auf- und niedergehen in meinem Zimmer, als einer Folge meiner bloßen Willkühr, wenn ich es wie der gemeine Mann, oder wie der Dialektiker betrachte, blieb ich stehen. Wollte ich hingegen als Physiker davon urtheilen, so dürfte wohl meine Willkühr, oder mein absolutes Ich, wieder müssen gefangen genommen werden, entweder unter den Gehorsam meiner Organisation überhaupt und meiner Muskeln, oder meiner Vorstellungen und Gehirnsfibern. Entweder beruhte nämlich das, daß ich gerade auf die rechte Seite zu gehen kam, wie meine Fähigkeit zu gehen überhaupt, blos auf gewissen organisch-mechanischen Bewegungsgesetzen, deren besondere Modifikation in diesem Augenblikke von einer unabsehbaren Reihe vorangegangener Umstände abhieng, oder es waren gewisse dunkle Vorstellungen, welchen ich erst nachher auf die Spuhr kam, die mich darzu bestimmten.

Wie der gemeine Mensch durch eine, in seinen Umständen unvermeidliche, Täuschung auf seine Vorstellung von einer Willkühr bei gleichgültigen Fällen gebracht worden sei, ist nun, wie mich deucht, hinlänglich gezeigt worden. Allein das Ueberwiegende einer Neigung bestimmt ja doch auch sehr oft seine Wahl, und dann, scheint es, werde er sich der Gründe, warum er so und nicht anders handelt, ganz unfehlbar bewußt. Sich selner **Neigung** bewußt werden, heißt, nach der, oben festgesezten, unverdrehten Bedeutung des Wortes **Wille**, nichts anders als sich seines **Willens** bewußt werden. Dabei gelangen allerdings die, den Willen anregenden (affizierenden) Gegenstände und damit verknüpften, Vorstellungen auch zum Bewußtseyn. Jedoch geschiehet dies alles nicht der **Materie**, sondern blos der **Form** nach. Schon der, einen Reiz erregende, Gegenstand bringt nicht die Gründe warum er diesen Reiz erregt, sondern blos die Resultate seines Verhältnisses zu unserem selbsteigenen Zustande, in unser Bewußtseyn mit. Wir erfahren durch dies leztere unmittelbar und im Augenblikke eines gemachten begehrlichen Eindrukkes auf dasselbe, schlechterdings nichts von den subjektiven sowohl als objektiven Gründen, warum wir izt gerade diesen Gegenstand für uns begehrungswerth finden; denn selbst die Prädikate **gut, angenehm, lieblich, süß, schön, nüzlich, rührend, belehrend** u. s. w. drükken blos die Resultate des Verhältnisses aus, worinn dieser Gegenstand zu unserem selbsteigenen Zustande stehet, folglich blos **die Form** aus, unter welcher er uns erscheint. Was der Honig an sich ist, erfahren wir dadurch, daß er süsse schmekt, eben so wenig, als was er für subjektive Veränderungen in unseren Geschmakswerkzeugen im Augenblikke seines Genusses bewirkt, um uns den Geschmak des Süssen beizubringen; das Materiale bleibt uns also auch da verborgen: nur mit dem Unterschiede, daß wir uns da, wo uns eine überwiegende Neigung, oder unser Wille im eigentlichen Sinne des Wortes, bestimmt, nicht blos der Form des Wollens selbst, als eines blosen Wollens, sondern auch der Form, unter welcher wir wollen, unmittelbar bewußt werden. Gleichwie wir nun da, wo wir uns (wie in gleichgültigen Handlungsfällen) nur unseres Wollens, als eines blosen Wollens, bewußt werden, schlechthin dies Wollen, als einen Akt unseres Ichs, als eine Willkühr, auch zu seinem selbsteigenen Grunde machen: so machen wir auch da, wo wir vermöge einer überwiegenden Neigung (worunter ich izt, der Kürze halber, auch das Interesse, das die Vernunft am Sittengesezze nimmt, begreiffen will) so machen wir also auch da, wo wir vermöge einer überwiegenden Neigung wollen, die Form, unter welcher wir wollen, folglich unseren Willen im angezeigten Sinne, zunächst zum Grunde dieses Wollens selbst, als eines actus. Der gemeinste Mann wird sagen, er habe sich dies und jenes angeschaft, weil es ihm nüzlich oder schön vorgekommen sei, er habe dies gethan und jenes unterlassen, weil ihm dies recht und jenes unrecht geschienen; der gemeinste

Mann unterscheidet zwischen einem guten Willen (guten Neigungen) und einem bösen, verderbten Willen (bösen Neigungen), und hält die eine oder die andere Art von Willen für den Grund seines Wollens, als eines actus. Aber auch der gemeinste Mann und eingeschränkteste Kopf wird bald gewahr werden, daß in diesen Neigungen nicht nur 1) eine grosse Mannigfaltigkeit herrscht, sondern daß auch 2) bald diese bald eine andere in einem und demselbigen, oder in mehreren Menschen, überwiegend werden, daß 3) wo auch eine schon überwiegend geworden, ihr Uebergewicht manchmal wieder geschwächt oder gänzlich gehoben werden kann: kurz es wird ihm auch in der Wirksamkeit seiner Neigungen (seines Willens) eine unverkennbare latitudo auffallen. Es geht ihm ja doch mit einem noch so reizenden Gegenstande nicht eben so, wie es ihm und dem Thiere mit gewissen groben Naturbedürfnissen geht, daß er sie eben befriedigen muß. Er kann ja seinem Nachbar die weit schönere Erndte, welche dieser von seinem Felde zu hoffen hat, so sehr sie auch seine Neigung auf sich gezogen hat, dennoch lassen, er muß sie ihm nicht eben heimlich entziehen, und das trift sich dann so in tausend Fällen. Die Neigung ist da, und am Willen fehlte es also in so weit gar nicht; aber es hält ihn doch etwas zurük, er will kein Schurke seyn, unterdrükt also seinen bösen Willen

durch ein höheres Interesse, und es kommt nicht
zur That. Wer ist da der Meister im Spiele?
Wären es die Gegenstände an sich, das
überwältigende ihres eigenen inneren
Wesens, was uns anzöge: wir würden
ihm so wenig widerstehen können, als
den Wirbeln des Ozeans ein, von ihnen ergriffenes, Schiff. Aber so ergreif-
fen sie uns und bemeistern sich unseres
Willens eigentlich nie selbst und mit
ihrem gesammten inneren Wesen; sondern blos das Resultat dessen, was
zwischen ihnen und unserer subjektiven Natur und Beschaffenheit vorge-
gangen ist, wird in unserem Bewußtseyn lebendig, blos die subjektive
Form, unter welcher sie uns erscheinen, nimmt uns für oder wider sie ein.
Eben die Bildung, welche den höchsten Reiz für
mich hatte, und deren Anziehungskraft für meine
Nerven unwiderstehlich schien, kann mir durch die
Gewohnheit, oder die Gewahrwerdung schlechter
Gesinnungen, sehr gleichgültig werden. Wäre es
die Bildung schon an sich, und ohne Rüksicht auf
meine subjektive Natur und physische sowohl als
moralische Beschaffenheit, gewesen, was mich so
gefesselt hätte: so würde ich ihr in der That nie
haben widerstehen können; aber glüklicherweise war

es blos die Form, unter welcher sie mir vielleicht das erstemal,. und dann in der Folge nicht mehr erschien, was mich so bezauberte. Die Gegenstände an sich sind also offenbar bei der Befolgung, oder Schwächung und veränderten Richtung unserer Neigungen, nicht der Meister im Spiele. Sind es aber nicht die Gegenstände an sich, so muß der Grund davon zunächst blos in den möglichen Abwechslungen der Form liegen, worunter uns die Gegenstände erscheinen. Ein ernstliches Wort aus dem Munde eines ehrwürdigen Mannes kann die reizende Form schadhaft machen, unter welcher der Jüngling Gegenstände der Wollust anschaute; der kurze Augenblik eines regen Gewissens, — wie schnell zerstört er oft die schimmerreichen Phantome, in welche der betrügerische Eigennuz seine garstige Gestalt verbarg? — Allein die mögliche Abwechslung der Form, unter welcher uns die Gegenstände erscheinen, die mögliche Mannigfaltigkeit unserer Neigungen, und Wandelbarkeit unseres Willens ist nur der nächste Grund, warum wir das einemal dies, das anderemal etwas anderes, das einemal z. B. das Gute, ein andermal das Böse wollen. Haben wir daher auch gleich die Verschiedenheit der Form, unter welcher uns die Gegenstände in ihrem Verhältnisse zu unserem selbsteigenen Zustande vorstellbar gemacht werden können, oder, welches eines ist, die mögliche Wandelbarkeit unseres Willens ganz deutlich als die nächste Ursache unseres verschiedenen Wollens (als actus) kennen gelernt, und stimmt hierinn das Urtheil des gemeinen Menschenverstandes völlig mit uns überein: so beruhiget sich doch auch selbst dieser leztere noch keineswegs hiebei, und findet hiedurch nicht einmal für sich die Frage hinlänglich erörtert: wer ist denn bei dieser Mannigfaltigkeit der Neigungen und möglichen Wandelbarkeit unseres Willens der Meister im Spiele? — Anzunehmen, daß eine so oder anders beschaffene Organisation und ursprüngliche Mischung der Säfte Antheil hieran haben möchte, oder die Folgen zu berechnen, welche Erziehung und Beispiele für den Willen haben können, dies ist ihm nicht zuzumuthen; denn das wäre abermal der langsame und gemessene Schritt des Forschers, der erst durch eine Reihe sorgfältig angestellter Beobachtungen zu den entfernteren Gründen der Dinge fortschreitet. Der gemeine Menschenverstand verläugnet vielmehr auch hierinn seinen, oben entworfenen, Charakter nicht; er überspringt, was zwar näher liegt, aber doch außer ihm da ist, und daher gesucht und studiert seyn will: wirft etwa in der Folge vielleicht auch einen Blik auf dies nähere zurük: allein es ist ihm nur Nebensache, kein Entscheidungsgrund, weil er sich da in ewige und immer neue Fragen verwikeln würde. Mit Hintan ſezung aller beſonderen Betrachtungen, eilt er daher ſogleich dem Allgemeinſten zu, wovon er gewiß weiß, daß er es in jedem Menſchen ohne Unterſuchung vorausſezen, und ohne Kenntniß des Individuums als überall gleichförmig annehmen darf, — er überträgt auch die Meiſterſchaft über die Neigungen, unmittelbar dem Jch, die Meiſterſchaft über den Willen alſo der Willkühr. Nun hat er die ganze groſſe Mannigfaltigkeit möglicher Handlungsarten unter dem ganzen menſchlichen Geſchlechte, ſowohl die gleichgültig ſcheinenden als die durch die Wahl des Beſſeren beſtimmten, Fälle, — alles mit einemmal zur Einheit befördert, hat ſich ſelbſt eine höchſte Regel ſeiner Entſcheidungen über Verdienſt und Schuld, und überhaupt aller ſeiner moraliſchen Beurtheilungen geſchaffen, ohne daß er erſt mühſame Erkundigungen aus der Erfahrung, etwa über die beſonderen Umſtände des Individuums, einzuziehen benöthiget wäre. Geſchiehet dies lezterе, ſo geſchiehet es blos aus Gunſt und hintenher, nachdem ſchon voraus in Gemäßheit jener höchſten Regel der eigentliche richterliche Ausſpruch gethan worden. Nur die Verdammniß deſſen, dem man ſo wohl will als ſich ſelbſt, kann hier und da dadurch großmüthigſt gemildert werden, daß man ſich vom Dialektiker zum Phyſiker, vom Allgemeinen zum Beſonderen herabläßt, und die Perſon anſieht. Allein dies heißt alsdann schon den kürzesten Weg zwischen zwei Punkten, folglich die gerade Linie, verlassen; denn zu dieser gehörte nichts als die, vermöge eines eigenen Gesezzes in uns geforderte, kürzeste Ergänzung des Falls durch einen a b s o l u t e n Grund; absolut aber ist sein Grund nur, wenn er, ohne weitere Rüksprache mit den besonderen Umständen, unmittelbar in dem reinen Ich des Menschen, gesucht wird: denn läßt man sich auf das Individuelle, auf Zeit, Umstände, Temperament, Erziehung, Alter, Gelegenheit u. s. w. ein, so sind alle diese Gründe nicht nur nicht absolut (sie weisen alle wieder auf etwas entfernteres zurük) sondern sie heischen auch bei jedem Individuum wieder besondere Untersuchungen und andere Entscheidungsgründe; schliessen also den Prozeß nicht nur keineswegs, sondern machen sogar, daß man den, an sich schon endlosen, Prozeß bei jedem Individuum sowohl, als bei jeder einzelnen Handlung desselben Individuums, wieder anders einleiten muß. Wo käme es da je zu einer Gesezgebung, wenn man, anstatt des Dialektikers, der hier noch darzu den gemeinen Menschenverstand auf seiner Seite hat, den Physiker machen wollte? —

Die Natur unseres Bewußtseyns also, das uns, vermöge seiner wesentlichen Einrichtung, von allem, was es in sich aufnimmt, blos die Form, nicht aber die Materie deſſelben (d. i. nicht, die es bewirkende Kraft) unmittelbar zu erkennen giebt, verbunden 2) mit dem dringenden Bedürfniſſe des Menſchen, das, was ihm in ſeinem Bewußtſeyn nun einmal form ell gegeben iſt, doch auch ſeiner Materie nach d. i. durch das ſubjektive Hinzudenken irgend einer Sache, die ſich ihm als Grund vorſezen läßt, bald möglichſt zu ergänzen, verbunden 3) mit der ſubjektiven Leichtigkeit, womit unſer Ich, als etwas, auch ſchon mit und in unſerem Bewußtſeyn gegebenes, und nicht erſt mühſam aufzuſuchendes, jenes dringende Bedürfniß befriediget, verbunden 4) mit den ſubjektiven ſowohl als objektiven Schwierigkeiten, die der entgegengeſezte, und dem gemeinen Menſchen gar nicht zuzumuthende, Fall eines Herausgehens aus dem Ich, und Zuziehens einer, nicht nur langſamen, und fortgeſezte Beobachtungen (alſo Forſchungsgeiſt) erfordernden, ſondern jenes Bedürfniß auch nie ganz befriedigenden, Erfahrung mit ſich bringen würde, — dies hat den gemeinen Menſchenverſtand zu der, für ihn als gemeiner Menſchenverſtand unvermeidlichen, Täuſchung veranlaßt, ſein bloſes Ich zum lezten Grunde aller ſeiner freien Handlungen zu machen, oder, welches eines iſt, die menſchliche Willensfreiheit allgemein in einer bloſen Willkühr zu ſuchen. Von der, alſo entſtandenen, Theorie ſelner Willensfreiheit glaubte er nun allemal ganz unwiderſprechlich die Probe an ſich zu machen, ſo oft es ihm nach geſchehener That ſo lebhaft empfindbar ſchien, daß es ja nur auf ihn angekommen wäre, die That zu unterlaſſen. Hätte ihm dabei ſein Bewußtſeyn nicht nur die Form, ſondern auch die Materie d. i. die ganze Summe der, ihn auch dießmal zum Wollen veranlaſſenden, Gründe unmittelbar dargeſtellt: er würde vermuthlich dieſe vermeyntliche Probe ſeiner gleichgültigen Freiheit für einen Beweis des Gegentheils erkannt haben. Will daher der Dialektiker ſ e i n e m B e r u f e g e m ä ß auch nicht aus dem Ich herausgehen, wenn er die Freiheit erklärt: ſo ſollte er ſich dabei, deucht mich, doch nie auf den Vorgang des gemeinen Menſchenverſtandes berufen, der, wie gezeigt worden, blos aus angeſtammter Kurzſicht und Liebe zur Bequemlichkeit innerhalb jener Schranken ſtehen bleibt; aber eben deswegen auch unvermeidlich getäuſcht wird. Er, der Dialektiker, ſagte lieber geradezu, mein Beruf bringt es ſo mit ſich, daß ich mich nur dem Ueberſchwenglichen unterziehe, und mich auf Erfahrungen gar nicht einlaſſe. Wollt' ihr daher von mir, a l s D i a l e k t i k e r, und nach der ſtrengen Regel meines Ordens, die Freiheit erklärt haben: ſo wiſſet, daß ich euch nichts darüber ſagen kann, was nicht ſchon voraus und a priori in euer aller reinem

Ich und klarem Bewußtseyn unmittelbar enthalten ist. *) Freilich würde ihm dann der Beweis obliegen, daß, was seines Thuns ist, nämlich die Verläugnung aller Erfahrungen bei dem Geschäfte der menschlichen Freiheitstheorie, auch unseres Thuns seyn müsse, wenn wir hierinn richtig sehen wollen. Dies aber dürfte ihm nicht nur an sich sehr schwer, sondern, ohne einen Cirkel zu begehen, beinahe unmöglich werden; denn beim Beweis des Richtigsehens läge ihm die Berufung auf den gemeinen Menschenverstand wenigstens wieder am allernächsten, und auf was er sich denn sonst noch mit Fug und Recht berufen könnte, wenn er dem gemeinen Menschenverstande zusammt aller Erfahrung einmal Hohn gesprochen hätte, — das sehe zum mindesten ich nicht ein.

*) Man vergleiche meine allgemeine praktische Philosophie, Seite 4=17. wo die, von Hrn. Reinhold vorgetragene, Theorie der Willensfreiheit (im 2ten Bande seiner Briefe über die Kantische Philosophie) geprüft wird.

Prüfung der Forbergischen Schrift: Ueber die Gründe und Geseze freier Handlungen. *)

Die Forbergische Schrift von den Gründen und Gesezzen freier Handlungen, ist den skeptischen Betrachtungen über die Freiheit des Willens entgegengesezt, worinn Herr Creutzer in Marburg hauptsächlich die Kantische Freiheitslehre angegriffen hatte. Ungeachtet aller Einwendungen nun, die sowohl Herr Kreutzer als andere gegen die neueste, und so viel wir wissen, von Hrn. Reinhold zuerst in Anregung gebrachte, Deutung dieser Freiheitslehre schon gemacht haben, sagt der Verfasser dennoch von sich. (Seite 7.) „Ich meines Orts lebe noch immer der festen Ueberzeugung, daß sich die reine Kantische Freiheitslehre von den gefährlichen Klippen des Fatalismus und des Indifferentismus gleichweit

*) Der Titel der Schrift lautet vollständig also: Ueber die Gründe und Geseze freier Handlungen. Von Friedrich Carl Forberg, Adjunkt der philosophischen Fakultät in Jena. Jena im akademischen Lese-Institute, und Leipzig bei Joh. Ambr. Barth. 1795.

entferne, und daß durch sie dasjenige Problem, welches allein schon im Stande wäre, die Nothwendigkeit philosophischer Spekulationen der menschlichen Vernunft nahe zu legen, nicht blos, wie S J E dafür halten, seiner Auflösung näher gebracht: sondern auch bereits vollständig und für immer befriedigend aufgelößt worden sei. Ich habe diese Auflösung bisher immer für den herrlichsten Triumph der kritischen Philosophie gehalten u. s. w." — Diese feste Ueberzeugung, **daß das Problem von der Willensfreiheit durch die Kantische Freiheitslehre nicht blos seiner Auflösung näher gebracht: sondern auch bereits vollständig und für immer befriedigend aufgelöset worden sei**, sucht der Verfasser in gegenwärtiger Abhandlung zu rechtfertigen, und daher, gegen Hrn, Creutzer, zu beweisen, (Seite 8.)

>daß durch die Kantische Freiheitslehre 1) durchaus kein völlig grundloses, und 2) eben so wenig ein völlig gesezloses Vermögen zu handlen, eingeführt werde.

A) **Herrn Forbergs Beweis, daß durch die Kantische Freiheitslehre 1) kein völlig grundloses Vermögen zu handlen eingeführt werde.**

Herr Forberg zeigt zu dem Ende a) der freie Wille stehe, nach Kant, allerdings unter Bestimmungsgründen, b) was man sich von diesen Bestimmungsgründen eines freien Willens für einen Begriff zu machen habe.

1) „Der Kantische freie Wille ist kein grundloses Vermögen zu handlen; denn a) er handelt nach Bestimmungsgründen. Wollte man annehmen, er handle nicht nach Bestimmungsgründen, so wäre dies dem Sazze des zureichenden Grundes zuwider, der, als eine Regel des Denkens, nicht weniger als der Saz des Widerspruches, über das ganze Gebiet des Denkbaren, seine Herrschaft ausdehnt (Seite 11).

„Die Freiheit des Willens besteht, nach Kant, vielmehr blos in einer Unabhängigkeit vom Bestimmtwerden durch Naturursachen (Seite 15).

„In den alltäglichen Geschäften und Entschliessungen der Menschen findet sich diese nicht; sie stehen unter dem Naturgesezze, wie die ganze übrige Natur (Seite 15, 16).

„Es ist also nur das Interesse der Sittlichkeit, was uns an den Begriff der Freiheit bindet; aber dieses Interesse nöthiget uns nicht eine andere Freiheit anzunehmen, als

eine ſolche, die uns von dem Zwange der
Naturursachen erlöset. Wir sollen in keinem Augenblikke unrecht hand-
len, und also müſſen wir es in jedem Augenblikke völlig in unſe-
rer Gewalt haben, recht zu handlen; und dies haben wir in jedem
Augenblikke völlig in unserer Gewalt, so bald wir nicht genöthi-
get ſind, unsere Willkühr durch
Naturursachen, d. i. durch Ursachen, die in der vergangenen Zeit
enthalten ſind, beſtimmen zu laſſen
(Seite 16, 17.)

„Nothwendigkeit und Naturnothwendigkeit ſind
zwei weſentlich von einander unterſchiedene
Begriffe! Naturnothwendigkeit, die in dem
Verhältniſſe der Wirkung zu einer vorhergehenden Ursache angetroffen wird, hebt
die Freiheit auf, und ſie hebt ſie nur darum
auf, weil man das Subjekt niemals über
eine Handlung zur Rechenſchaft ziehen kann,
wenn es über die Ursache der Handlung, die
in der vorhergehenden Zeit enthalten und mit
ihr verſchwunden iſt, keine Gewalt hat. Nothwendigkeit aber, wiefern ſie in dem Verhältniſſe des Grundes zu dem Begründeten
überhaupt ſtatt findet, hebt die Freiheit nicht

auf, und sie hebt sie darum nicht auf, weil sie das Subjekt nicht hindert, den Grund seiner Handlung, wiefern er in keiner, und also auch nicht in der vergangenen, Zeit enthalten ist, völlig in seiner Gewalt zu behalten. Sie macht zwar das Daseyn der Handlung, unter Vorausseʒzung ihres Grundes, unvermeidlich; aber den Grund zu vermeiden, läßt sie dem Subjekte vollkommene Freiheit. Würde freilich die Handlung mit ihrem Grunde in einer Zeitfolge gedacht: so würde die Unvermeidlichkeit der ersteren, unter Voraussezzung des lezteren, zugleich auch dem Subjekte keine Freiheit lassen, die Handlung durch Vermeidung ihres Grundes zu vermeiden; denn es ist unmöglich, einen Grund, nachdem er schon gewirkt hat, doch noch zu hindern daß er nicht wirke. Ist aber zwischen der Handlung und ihrem Grunde keine Zeitfolge: so fällt mit dieser Unmöglichkeit zugleich auch das einzige Hinderniß der Freiheit hinweg. Der Grund weicht nie in die Vergangenheit zurük, um sich der Gewalt des Subjekts zu entziehen; es kann ihn folglich nach Belieben wirken oder auch nicht wirken lassen, und Verdienst oder Schuld kommen dann in beiden Fällen lediglich auf seine Rechnung (Seite 17 = 19).

Prüfung.

Herr Forberg schließt so:

Gründe unserer freien Handlungen müssen wir zwar allerdings annehmen.

Sind aber nur diese Gründe immer und völlig in unserer Gewalt, so hat es deswegen doch mit unserer Freiheit keine Noth.

Nun sind diese Gründe wirklich immer und völlig in unserer Gewalt, wenn sie nie in die Vergangenheit zurük weichen,

Und sie weichen nie in die Vergangenheit zurük, so bald, mit Kant, das Zeitverhältniß zwischen einer Handlung und ihrem Grunde aufgehoben wird.

Gegen alle diese Säze finde ich vor der Hand nichts zu erinnern, als daß ich nicht einsehe, wie wir die Gründe unserer freien Handlungen schon allein dadurch völlig in unsere Gewalt bekommen sollen, daß sie nie in die Vergangenheit zurükweichen. Man urtheile selbst von der Richtigkeit folgenden Schlusses, auf dem doch diese Behauptung zunächst beruht:

Was nie in die Vergangenheit zurükweicht, das habe ich immer und völlig in meiner Gewalt: (folgt dies?) nun aber weichen die Gründe meiner freien Handlungen nie in die Vergangenheit zurük; folglich habe ich sie immer und völlig in meiner Gewalt.

Zwar könnte der Verfasser antworten, sein Schluß sei eigentlich der:

Was ich immer und völlig in meiner Gewalt haben würde, wenn es nie in die Vergangenheit zurükwiche, das bekomme ich für immer und völlig in meine Gewalt, **so bald die Vergangenheit dabei hinwegfällt**: nun aber würde ich die Gründe meiner freien Handlungen immer und völlig in meiner Gewalt haben, wenn sie nie in die Vergangenheit zurükwichen; folglich bekomme ich eben diese Gründe meiner freien Handlungen für immer und völlig in meine Gewalt, **so bald die Vergangenheit dabei hinwegfällt**.

Allein in diesem Falle hätte er vor allen Dingen den Untersaz beweisen müssen:

Daß wir nämlich die Gründe unserer freien Handlungen in der That immer und völlig in unserer Gewalt haben würden, wenn diese Gründe nie in die Vergangenheit zurükwichen;

d. i. er hätte die Möglichkeit und das Daseyn der Freiheit, als eines Vermögens, wodurch man die Gründe seiner freien Handlungen für immer und völlig in seine Gewalt bekomme, schon vorher beweisen müssen, ehe es noch darzu gekommen wäre, das Hinderniß, welches sich einer solchen Freiheit einzig an der Vergangenheit entgegensezzen soll, hinwegzuräumen.

Was heißt nun aber eine Freiheit, wodurch ich die Gründe meiner Handlungen völlig in meine Gewalt bekomme? — Es ist, um mich der eigenen Worte des Verfassers zu bedienen, (Seite 19) eine solche Freiheit, vermöge der ich den Grund meiner Handlungen kann wirken oder auch nicht wirken lassen, d. i. vermöge der ich handlen oder nicht handlen, dies oder sein Gegentheil thun kann, — mit einem Worte, es ist, wie es auch Herr Reinhold schlechthin ausdrükt, die Willkühr.

Das Daseyn einer solchen Freiheit will um so mehr bewiesen seyn, je befremdender ihr Begriff durch die Untersuchung wird. Herr Forberg sezt nebst anderen Kantianern ihr Daseyn als eine, im Bewußtseyn gegebene, Thatsache blos voraus. Wie es aber um diese Thatsache in unserem Bewußtseyn stehe, und zu welcher unvermeidlichen Täuschung uns der gemeine Menschenverstand diesfalls verleite, glaube ich in der vorangeschikten Abhandlung hinlänglich gezeigt zu haben. — **Was wirklich ist, das muß auch möglich seyn:** schließt man nun weiter, und thut ganz recht hieran, wenn der vermeyntlichen Wirklichkeit keine Täuschung zum Grunde liegt. Allein es hat überdies mit der Möglichkeit hier noch eine ganz besondere Bewandniß. Wäre eine Freiheit dieser Art auch wirklich, so würde sie von der allgemeinen Verstandesregel, was wirklich ist, muß auch möglich seyn, dennoch eine, sonst nie erhörte, Ausnahme machen; denn sie würde, ungeachtet aller Wirklichkeit, doch nicht möglich seyn. Zwar ist bekannt, daß, wie man sich einerseits mit ihrem Daseyn auf eine Thatsache stüzt, man andererseits für ihre Möglichkeit eben durch jene Hinwegräumung aller Zeitverhältnisse zwischen Grund und Handlung, sorgen will. Man urtheilt wie Herr Forberg. An dem Daseyn der Freiheit, als eines Vermögens nach Belieben zu handlen oder nicht zu handlen, kann niemand im Ernste zweifeln; denn jedermann ist es sich ja unwidersprechlich bewußt, daß er eine gethane freie Handlung auch eben sowohl hätte unterlassen können u. s. w.: dies ist folglich eine, über alle Einwendungen erhabene, Thatsache. Dem Philosophen liegt demnach nichts weiter ob, als die Möglichkeit dieser Thatsache darzuthun, und ihre Möglichkeit ist dargethan, so bald gezeigt worden, daß der Mensch den Grund seiner Handlungen immer und völlig in seiner Gewalt haben könne. Nun aber kann er den Grund seiner Handlungen immer und völlig in seiner Gewalt haben, so bald man, mit Kant, das Zeitverhältniß hier aufhebt, und also der Grund seiner Handlungen nie mehr in die Vergangenheit zurükweicht; folglich ist auch, mit Aufhebung dieses Zeitverhältnisses, **die Möglichkeit** einer Freiheit dargethan, vermöge welcher der Mensch alle seine freien Handlungen völlig und immer in seiner Gewalt hat, d. i. vermöge welcher er nach Belieben handlen oder nicht handlen kann. — Dies leztere nun sehe ich wieder nicht ein, oder ich begreiffe nicht:

> Wie durch die blose Hinwegräumung des Zeitverhältnisses zwischen Handlung und Grund auch schon die **Möglichkeit** der Freiheit, als eines Vermögens, wodurch man alle seine freien Handlungen völlig und auf immer in seine Gewalt bekäme, dargethan seyn sollte.

Ich schliesse vielmehr so:

> Eine Sache, deren Möglichkeit gewisse Zeitverhältnisse entgegenstehen, und die nun durch die Hinwegräumung dieser Zeitverhältnisse allerdings von einem Hindernisse ihrer Möglichkeit befreit wird, kann deswegen doch an

sich immer noch unmöglich seyn: der Möglichkeit der genannten Freiheit stehen gewisse Zeitverhältnisse entgegen, und sie wird nun durch die Hinwegräumung dieser Zeitverhältnisse allerdings von einem Hindernisse ihrer Möglichkeit befreit; allein deswegen kann sie doch an sich immer noch unmöglich seyn.

Ich finde nichts, was sich gegen diesen Schluß einwenden liesse; denn wollte man mir den Vorwurf machen, daß ich damit noch ausser den Grenzen möglicher Erfahrung, noch ausser Raum und Zeit, etwas zu bestimmen wage, und also, gegen die neuesten Polizeigeseze im Reiche der Wahrheit, in das Gebiet des Intelligiblen ausschweife: so könnte ich billig fragen; ob ich da, wo sich die Kritiker selbst erlauben noch über **Möglichkeiten** zu entscheiden (jenseits aller Verhältnisse der Zeit), nicht auch mit gleichem Rechte mir gestatten darfe, von **Unmöglichkeiten** zu sprechen? — Es bleibt demnach dabei, **die genannte Freiheit kann an sich immer noch unmöglich seyn, ungeachtet man durch die Hinwegräumung der Zeitverhältnisse ein Hinderniß ihrer Möglichkeit gehoben hat,** und der Verfasser hätte demnach zuerst zeigen müssen, daß eine Freiheit **dieser Art nichts an sich unmögliches sei,** ehe er für die blose Möglichkeit ihres Gebrauches, durch die Hinwegräumung der, diesem im Wege stehenden, Zeitverhältnisse zu sorgen hatte. Allein sie kann nicht nur, ungeachtet dieser hinweggenommenen Zeitverhältnisse, doch an sich immer noch unmöglich seyn; sondern sie ist es auch wirklich. Dies wird sich zwar durch die Widersprüche, worein man sich mit ihr verwikkelt, im Verfolge dieser Prüfung, von selbst ergeben; ich will es aber schon voraus und aus ihrem Begriffe zu erweisen suchen.

Mit einer Freiheit, vermöge welcher der Mensch den Grund seiner Handlungen immer und völlig in seiner Gewalt haben soll, kann man durchaus nichts anderes sagen wollen, als es sei eine solche Freiheit —

— vermöge welcher der Mensch den Grund seiner eigenen Kraftäusserungen beliebig sezzen oder heben, also selbst machen könne, daß er etwas thut oder unterläßt.

Dieses beliebige Selbstmachen, daß er etwas thut oder unterläßt, hat nun entweder wieder seinen zureichenden Grund, oder es hat keinen. Hat es wieder einen zureichenden Grund, nun so ist es nicht mehr beliebig; denn es ist ja auch nach Hrn. Forberg (Seite 21) ein vollkommener Widerspruch, sich eine Ursache zu denken, mit welcher die Wirkung nicht nothwendig verknüpft, ſondern nur zufälligerweiſe verbunden iſt. Hat aber dieſes beliebige Selbſtmachen des Menſchen, daß er etwas thut oder unterläßt, keinen zureichenden Grund mehr: ſo wird hier das Geſez des zureichenden Grundes offenbar ſeiner Dienſte entlaſſen: da es gleichwohl (nach Seite 11) über das ganze Gebiet des Denkbaren ſeine Herrſchaft ausdehnt, und (nach Seite 12) die unumſchränkte Autorität deſſelben noch von Niemanden im Ernſte in Anſpruch genommen worden.

Will man ſich dadurch helfen, daß man ſagt, das Ich des Menſchen ſei auch der zureichende Grund von ſeinem beliebigen Selbſtmachen, daß er etwas thut oder unterläßt: ſo verwikkelt man ſich in neue Schwierigkeiten; denn dies Ich muß in dieſem Falle ganz widerſprechende Dinge leiſten. Angenommen nämlich, es ſoll nun einmal blos dieſes Ich, und ſonſt ſchlechterdings nichts, der ganze zureichende Grund ſeyn, warum der Menſch in ſich den Grund einer gewiſſen Handlung beliebig ſezzen oder heben, warum er ſelbſt machen kann, daß er dieſe Handlung begeht oder unterläßt wie es ihm beliebt: ſo enthält alſo dieſes Ich bei eben derſelben Handlung den ganzen zureichenden Grund von ihrer Begehung ſowohl als von ihrer Unterlaſſung, folglich mit einemmal den zureichenden Grund von zwei ganz kontradiktoriſch entgegengeſezten Wirkungen; dies aber ist etwas schon an sich eben so widersprechendes und ungedenkbares, als wenn ich sagte: der zureichende Grund von der Wärme sei durchaus und schon an sich, ohne nach einer andern Ursache nur fragen zu dürfen, auch der zureichende Grund von der Kälte, das Feuer also z. B., woran ich mich wärmte, könnte mir als dies erwärmende Feuer, eben sowohl auch Kälte verursacht haben *). — Könnte nun aber auch das Ich mit einemmal und allein den zureichenden Grund von zwei kontradiktorisch entgegengesezten Wirkungen enthalten, wäre dies möglich: so würde folgen, daß also in diesem Ich für die Begehung einer Handlung ein gleich zureichender Grund da wäre, wie für ihre Unterlassung. Wo mit einemmal für die Begehung einer Handlung ein gleich zureichender Grund da ist, wie für ihre Unterlassung, da kann es

*) Da dieser und die folgenden Widersprüche schon in dem Begriffe der Freiheit, als eines Vermögens selbstbeliebig zu handlen oder nicht zu handlen, liegen, so erhellt von selbst, daß sie dadurch, wenn man den Menschen auch blos als Ding an sich betrachtet, schlechterdings nicht gehoben werden; denn etwas schon an sich widersprechendes kann doch auch (ausser Raum und Zeit) im Reiche bloser Verstandesbegriffe nicht statt finden; oder darf man etwa in diesem Reiche auch seine Verstandesgesezze nicht mehr anwenden?

entweder, vermöge des gleich starken Grundes für das Thun und Lassen, schlechterdings zu keiner Handlung kommen; oder wenn es darzu kommen soll, so wird für das eine oder für das andere, für das Thun oder für das Lassen, noch **ein beitretendes Moment** erfordert, welches den Ausschlag geben muß. Dies beitretende Moment, welches den Ausschlag geben muß, kann nun nicht wieder im Ich gesucht werden; denn sonst nähme man ja diesem wieder, was man ihm vorher beilegte, nämlich die **gleich starke** Begründung des Thuns sowohl als des Lassens bei einer vorzunehmenden Handlung. Kann dies beitretende Moment nicht wieder im Ich gesucht werden, und es soll eben doch beim Menschen einmal zum Handlen kommen: so muß man es nothgedrungen ausser dem Ich aufsuchen, und in diesem Falle erfolgt dann das Thun oder das Lassen vermöge dieses beitretenden, ausser dem Ich gelegenen, Moments, ist also nicht mehr **selbstbeliebig**. Daß aber ein solches beitretendes Moment unentbehrlich sei, erhellt nicht nur daraus, weil es sonst zu keiner Handlung; sondern auch daraus, weil es sonst zu keiner Sittlichkeit oder Unsittlichkeit im Handlen und zu keiner Zurechnung kommen könnte; da es doch, nach den oben angeführten Worten des Hrn. Forberg, nur das Interesse der Sittlichkeit ist, was uns an **diesen** Begriff der Freiheit binden soll. So.bald der Mensch, vermöge seines Ichs, selbst machen kann, daß er etwas thut oder unterläßt, oder, welches eines ist, so bald schon sein Ich den ganzen zureichenden Grund des Thuns sowohl als des Laſſens bei ſittlichen Gegenständen enthält: so enthält es also auch schon den ganzen zureichenden Grund des Gutes = sowohl als des Bösesthuns, der Tugend sowohl als des Laſters. Weil nun, bei einer vorzunehmenden Handlung, ein gleichmäſig hinreichender Grund zum Gutes= sowohl als zum Bösesthun im Ich des Menschen läge, so könnte er, nach dieſer Art von Freiheit, freilich eigentlich zu gar keiner Handlung gelangen, seine Thätigkeit wäre suspendirt. Allein geſezt ſie wäre es nicht, er könnte ungeachtet des gleichmäſſig zureichenden Grundes zum Gutes= ſowohl als Bösesthun, doch auch, blos vermöge seines Ichs, z. B. diesmal das Gute wählen: so hätte er es ja nicht als gut, als Pflicht, nicht um des Guten selbst willen, gewählt, sondern nur deswegen, weil schon in seinem Ich der ganze zureichende Grund zu diesem Guteswählen wäre gelegen geweſen: wo bliebe da der, allein ſittliche und imputable, Werth des Grundes? — Wollte man sagen, was man freilich sagen muß, theils um die Sittlichkeit einer Handlung zu retten, theils um es nur auch je mit dem Menschen zu irgend einer

Handlung zu bringen, — wollte man also
sagen, diesmal, da der Mensch das Gute wählte, habe ihn der Begriff des Guten zum Handlen
bestimmt, und ein andersmal, da er das Böse
wählte, habe ihn die Sittlichkeit zum Handlen veranlaßt, es sei also ein, auſſer dem Ich des Menschen gelegenes, Moment noch hinzugekommen,
welches in beiden Fällen den Ausschlag gab:
nun so fällt das Selbstbeliebige abermal hinweg,
und das Ich oder die Willkühr des Menschen ist
nicht mehr, der ganze zureichende Grund seines
Thuns sowohl als Lassens. Endlich nimmt man
bei diesem Ich, als dem zureichenden Grunde
des menschlichen Thuns und Lassens in sittlicher
Rüksicht, entweder einen Begriff von den zu
wählenden sowohl als zu verwerfenden Objekten,
im handlenden Subjekte an, oder man nimmt
keinen an. Nimmt man keinen an, so weiß
ich mir nichts blinderes zu denken als die Wahl
meines Ichs, die ganz gleichgültige Freiheit,
die Freiheit der blosen Willkühr. Nimmt man
einen Begriff von den zuwählenden sowohl als zu
verwerfenden Objekten im handlenden Subjekte an:
so gestattet man diesem Begriffe, (oder wenns
auch nur eine sinnliche Vorstellung ist), dieser
Vorstellung entweder einen Einfluß auf die Wahl
selbst, oder man gestattet ihr keinen. Gestattet
man dieser Vorstellung einen Einfluß auf die

Wahl, so wählt nicht mehr blos das Ich; gestattet man ihr keinen: so treten wieder die, oben bemerkten, Schwierigkeiten ein, daß es nämlich 1) bei einem Ich, das eine Handlung so zureichend als ihr Gegentheil begründet, bei einem ganz gleichgültigen Willen, ohne ein hinzukommendes, ausser dem Ich gelegenes, Moment zu gar keiner Handlung kommen kann, und daß 2) wo man sich nicht nach Begriffen oder sinnlichen Vorstellungen entschließt, auch gar keine Sittlichkeit oder Unsittlichkeit statt finde. Ich begreife daher auch durchaus nicht, wie man **Maximen**, die denn doch immer schon etwas, ausser dem Ich gelegenes, die schon Vorstellungen und Begriffe, als nothwendige Bedingungen ihrer Möglichkeit, voraussezzen, zu blosen Produkten der eigenen selbstbeliebigen Wahl unseres Ichs, oder unbedingten Willens, machen kann. Doch hievon ein andermal; hier muß ich mich nur noch gegen Einwürfe verwahren, welche mir, in Absicht auf das bisherige, vielleicht könnten gemacht werden. Ich nahm

1) an, eine Freiheit, vermöge welcher der Mensch den Grund seiner Handlungen immer und völlig in seiner Gewalt haben soll, sei gleichbedeutend mit einer solchen Freiheit, vermöge welcher der Mensch den Grund sei-

ner eigenen Kraftäusserungen beliebig sezzen oder heben, also selbst machen könne, daß er etwas thut oder unterläßt. Gegen diese Erklärung, deucht mich, läßt sich nichts einwenden. Ich nahm

2) an, der zureichende Grund von einer solchen Freiheit dürfte von manchen blos in dem Ich des Menschen, gesucht werden; und diejenige, welche dem Menschen eine unbedingte Willkühr beilegen, suchen ihn ja wirklich hierinn; folglich läßt sich auch gegen den Fall, welchen ich hier sezte, nichts einwenden. Ich nahm aber

3) auch an, daß, wenn das Ich den zureichenden Grund von dieser Art der Freiheit enthalte, eben dies Ich auch der ganze zureichende Grund von der Begehung sowohl als Unterlassung einer Handlung seyn müsse. Gegen dies nun könnte man einwenden, das Ich enthalte zwar allerdings den zureichenden Grund von der möglichen Begehung oder Unterlassung einer Handlung, es werde zwar durch dasselbe dem Menschen möglich gemacht, eine Handlung eben so wohl zu begehen als zu unterlassen; aber deswegen enthalte es doch noch nicht den zureichenden Grund von

der wirklichen Begehung oder Unterlassung einer Handlung; kürzer: vermöge seines Ichs, oder vermöge seiner Willkühr, könne zwar der Mensch eine Handlung eben so wohl thun als unterlassen, aber das wirkliche Thun oder Unterlassen derselben sei dadurch noch nicht bestimmt:

Ich antworte hierauf. Das, auf die menschlichen Handlungen bezogene, Ich, oder, welches eines ist, die Willkühr des Menschen, ist, diesem zu Folge, eine Fähigkeit, vermöge welcher der Mensch etwas blos thun oder auch unterlassen kann: dies blose Können ist demnach ihr Wesen. Gesezt nun es komme weiter kein anderes Moment hinzu, so muß es nothwendigerweise beim blosen Können sein Bewenden haben; denn darinn besteht ja, anerkanntermaasen, das Wesen der Willkühr, daß man etwas blos thun oder unterlassen kann. Sagt man: ungeachtet das Wesen der Willkühr darinn besteht, daß man etwas blos thun oder unterlassen kann; so thut oder unterläßt man es doch auch wirklich durch sie: nun so widerspricht man sich offenbar selbst; denn vorher machte man nur allein und ausschliessend das blose Können zu ihrem Wesen. Will man diesem wieder abhelfen, und nun beides in das Wesen der Willkühr aufnehmen, d. i.

E

will man itzt das Können sowohl, als das wirkliche Thun oder Lassen, zu einer nothwendigen und wesentlichen Eigenschaft der Willkühr machen: so folgt, daß wie das Können bei der Willkühr wesentlich nothwendig ist, also auch das Thun oder Lassen bei ihr wesentlich nothwendig seyn müsse, und daß demnach die Willkühr keine Willkühr mehr sei. Diese Widersprüche, worein man sich mit dem Begriffe der Willkühr verwikkelt, man mag ihn betrachten wie man will, beweisen die Richtigkeit seiner Ableitung in der vorangeschikten Abhandlung, immer noch auffallender. Von der bemerkten Mannigfaltigkeit in den menschlichen Kraftäusserungen schloß man auf die Möglichkeit ganz entgegengesezter Kraftäusserungen bei einem und eben demselben Menschen in einem und eben demselben Handlungsfalle; diese Möglichkeit, dieses Können, ward dem Ich des Menschen als Menschen, beigelegt, und eben dadurch zu einer absoluten unbedingten Möglichkeit, zu einem absoluten unbedingten Können, d. i. zu einem Können nach Belieben, zu einer blosen Willkühr gemacht. Nun war also für dies Können nach Belieben, auch vollends ein eigener besonderer Name da, und unter diesem Namen (der Willkühr) erhob es sich vollends zu einer eigenen besonderen Kraft, zu einem eigenthümlichen Vermögen des Menschen. So bald man aber von dem Namenwesen dieser, bis zu einer wirklichen Kraft gesteigerten, blosen Gedenkbarkeit mehrerer, *in abstracto* möglicher, Handlungsfälle, als von einer wirklichen Kraft, Gebrauch machen will, so zeigt sich die Nichtigkeit des ganzen Begriffes. Ein anderer Einwurf, den man mir auch hier wieder machen könnte, ist dieser, daß ich mich bei den bisherigen Untersuchungen der Freiheit, als eines Vermögens seine Handlungen ganz in seiner Gewalt zu haben, zu weit in das Gebiet des Intelligiblen gewagt habe: allein ich selbst behauptete sie ja nicht einmal; sondern ich führte bloß das, was andere von ihrer Möglichkeit behaupten, auf die allgemeinen Verstandesgesezze, die ich doch auch jenseits aller Zeitverhältnisse, in der Welt der Noumenen, nicht werde verläugnen dürfen, durch diese Prüfung zurük. Doch, ich gehe nun wieder zu Herrn Forbergs Schrift selbst über, welcher izt

b) zeigt, was man sich von den Bestimmungsgründen eines (solchen) freien Willens für einen Begriff zu machen habe? (Seite 24).

„Da alle Erfahrung an die Form der Zeit gebunden ist, so werden wir in ihrem Gebiete auch nicht die mindeste Spuhr von Bestimmungsgründen antreffen können, **deren wesentliches Merkmal darinn besteht**, daß sie mit dem, was durch sie bestimmt ist, durchaus in keiner Zeitfolge gedacht werden können. Alles, was sich über diese Bestimmungsgründe etwa sagen läßt, wird man also nirgends als im Gebiete **bloser Begriffe** zu suchen haben (Seite 25).

„Ein Bestimmungsgrund des freien Willens soll als ein Etwas gedacht werden, woraus es sich begreifen läßt, warum sich derselbe gerade auf diese, und nicht vielmehr auf eine andere Weise zur Thätigkeit bestimmt. (ebendaselbst.)

„Dieses Etwas dürfen wir nur in der **Intelligiblen Welt** aufsuchen, d. i. in einer Welt, deren Gegenstände weder den Sinnen noch der Einbildungskraft, sondern nur dem reinen Verstande zugänglich sind, und die eben darum weder im Raume noch in der Zeit vorgestellt werden können (Seite 26).

„Wollten wir den Bestimmungsgrund eines freien Willens in der Sinnenwelt aufsuchen, so würden wir ihn in einer Welt aufsuchen, wo die Bestimmungsgründe den Handlungen der Kräf-

te jederzeit vorhergehen, und folglich
die Kräfte selbst aller Macht berauben, über
ihre Handlungen zu disponiren, indem dasjenige, was eigentlich über ihre Handlungen
disponirt (das Naturgesez) immer in einer
Sphäre liegt, wohin sich ihre Gewalt niemals erstrekt. (ebendaselbst.)

„Im Reiche des Denkbaren finden wir hingegen zweierlei, was wir uns als Bestimmungsgrund eines freien Willens denken könnten;
nämlich Handlungen des freien Willens selbst, und Handlungen solcher
Kräfte, die von ihm verschieden
sind. Lassen Sie uns einen Augenblik das
leztere annehmen, und sehen, was wir bei dieser Annahme gewinnen würden. Unmöglich
ist sie nicht; denn wir müssen wenigstens gestehen, daß wir nicht im Stande sind ihre
Unmöglichkeit zu beweisen. Die Handlungsweise einer Kraft, die wirklich handelt, die
aber demungeachtet 1) nirgends handelt,
weil sie nicht im Raume, und 2) niemals handelt, weil sie nicht in der Zeit
handlen kann, wie wir uns die freie Willens-
kraft denken müssen, ist uns ein, viel zu un-
erklärliches Geheimniß, als daß wir es wagen dürften, es schlechthin für unmöglich zu
erklären, daß eine solche Kraft, unbeschadet

ihrer Freiheit von fremden, ebenfalls intelligiblen, Kräften bestimmt werden könne. (Seite 27.) — (Hat man denn nöthig fremde Kräfte anzunehmen? Wohnt nicht im Menschen selbst eine einheimische, von der Natur verschiedene, Kraft?)

„Zwischen dem Begriffe der Freiheit, der nichts als Unabhängigkeit von Naturursachen fordert, und dem Begriffe des Bestimmtwerdens durch Kräfte, die keine Naturkräfte sind, findet wenigstens kein Widerspruch statt. Es könnte uns also zwar niemand verbieten, Einflüsse intelligibler Kräfte auf den freien Willen anzunehmen; aber wir würden doch auch mit dieser Annahme schlechterdings nichts gewinnen, und wie ferne wir sie nur darum machen könnten, um etwas mit ihr zu gewinnen, so würde sie in so ferne eine grundlose Annahme seyn. Das, was wir mit ihr gewinnen wollten, war, daß sie es uns begreiflich machen sollte, warum ein freier Wille gerade diesen, und keinen anderen, Gebrauch von seiner Freiheit macht. Allein dies macht sie uns auf keine Weise begreiflich; denn wie der Einfluß einer fremden Kraft, etwa der Gottheit, den Grund enthalten könne, daß ein freies Wesen diese, und keine andere, freie Entschließung faßt, dies ist uns selbst vollkommen unbegreiflich (Seite 27, 28).

„Es bleibt uns also wenigstens nichts begreifliches übrig, was wir uns als Bestimmungsgrund des freien Willens denken könnten, als **Handlungen des freien Willens selbst.** (ebendaselbst.) — (Die eigenen, inneren, von der Natur verschiedenen, Vernunftgeseze des Menschen wären also, **als Bestimmungsgründe seines freien Willens** gedacht, nicht einmal etwas begreifliches?) —

„**Man kann sich von einer freien Willenshandlung keinen anderen Begriff machen, als daß sie eine Handlung sei, wodurch das Subjekt sich selbst zur Hervorbringung von Gegenständen bestimmt.** — (also eine Handlung des Ichs, eine Handlung der Willkühr?)

„**Nun kann sich das Subjekt entweder zur Hervorbringung einzelner Gegenstände, oder zur Hervorbringung einer ganzen Gattung von Gegenständen bestimmen. Wiefern aber durch das Daseyn der Gattung zugleich auch das Daseyn des Einzelnen gesezt wird, in so fern enthält die Selbstbestimmung des Subjekts zur Hervorbringung** einer ganzen Gattung von Gegenständen, zugleich auch den Grund, warum es sich zur Hervorbringung der einzelnen Gegenstände bestimmt, welche unter jener Gattung enthalten sind (Seite 29).

„Nun lassen Sie uns diejenige freie Willensäusserung, wodurch sich das Subjekt zur Hervorbringung einzelner Gegenstände bestimmt, eine **Entschliessung**: diejenige aber, durch welche es sich zur Hervorbringung einer ganzen Gattung von Gegenständen bestimmt, eine **Maxime** nennen, und Sie werden mir zugeben müssen, daß wir in dem Begriffe einer Maxime den Begriff einer Willenshandlung gefunden haben, welche, ihrer Natur nach, den Grund anderer Willenshandlungen, nämlich der Entschliessungen, in sich fasset (Seite 29, 30).

Prüfung.

Der Verfasser schließt so:

In so ferne das Besondere schon unter dem Allgemeinen enthalten ist, so enthält eine Bestimmung zur Hervorbringung des Allgemeinen auch schon die Bestimmung zur Hervorbringung des Besonderen, d. i. mit anderen Worten:

Der zureichende Grund, um das Allgemeine (die Maxime) sezzen zu können, enthält auch den zureichenden Grund, um das Besondere (die Handlung) sezzen zu können.

Was uns aber der Verfasser eigentlich hätte zeigen sollen, besteht darinn:

Wie wir uns eine Maxime als beliebig und doch als vereinbar mit dem Saze des zureichenden Grundes, gedenken sollen; denn daß die Sezzung des Allgemeinen auch schon den zureichenden Grund zur Sezzung des Besonderen mit sich bringe, oder vielmehr, daß mit und in dem Allgemeinen auch schon das Besondere nothwendig gesezt werde, dies beweißt uns nichts für den zureichenden Grund, den wir gerne vom Allgemeinen, und doch beliebigen, d. i. von der Maxime selbst, und ihrem zwar beliebigen, aber doch zureichend begründeten, folglich zugleich zufälligen und doch auch zugleich nothwendigen, Daseyn gehabt hätten.

Zwar antwortet der Verfasser: Das Daseyn der Maxime ist zufällig, in so ferne die höhere Maxime, aus der sie abfließt, hätte können vermieden werden; und eben dieses Daseyn derselbigen Maxime ist doch auch zugleich nothwendig, in so ferne es, nach Sezzung der höheren Maxime, als das, unter dem Allgemeinen nothwendig enthaltene, Besondere unvermeidlich war.

Allein entweder hat das Allgemeine nun doch zulezt auch einen zureichenden (ich sage nicht lezten und nicht obersten, sondern blos zureichenden Grund) oder es hat keinen. Hat es einen zureichenden Grund, so fällt eo ipso auch seine Zufälligkeit, folglich die mögliche Vermeidlichkeit aller, unter ihm stehenden, Marimen sowohl als Handlungen hinweg: hat das Allgemeine überall keinen zureichenden Grund, so wird ja in Absicht auf das Allgemeine der Saz des zureichenden Grundes doch aufgehoben. *)

Wird der Saz des zureichenden Grundes in Absicht auf das Allgemeine aufgehoben, so wird er gerade da aufgehoben, wo, nach des Verfassers eigenem Urtheile (Seite 41) auch schon im gemeinen Leben alle Zurechnung hinfällt, bei der obersten Marime, bei der Gesinnung, dem Charakter, der Denkungsart eines Menschen.

Wird der Saz des zureichenden Grundes bei

---

*) Dies sahe der Verfasser wohl ein, denn wie hätte er sonst (Seite 33) sagen können: „der Saz des zureichenden Grundes befehle uns zwar, zureichende Gründe zu suchen, aber er befehle uns nicht, sie zu finden." — Jedoch kann er uns nicht befehlen, ihn selbst irgendwo gar nicht hinzudenken, wenn er (Seite 11) seine Herrschaft über das ganze Gebiete des Denkbaren nicht weniger ausdehnt, als der Saz des Widerspruchs.

der Gesinnung eines Menschen aufgehoben, so fällt die, dem Indifferentismus vorgeworfene, gänzliche Grundlosigkeit einer Handlungsweise, anstatt nur einzelne Handlungsfälle zu treffen, nun vollends auf das ganze System menschlicher Handlungen zurük, und es wird aus Uebel ärger.

Sezzung und Nichtsezzung eines zureichenden Grundes sind einander kontradiktorisch entgegengesezt; folglich giebt es keinen Mittelweg dazwischen. Zwar hilft sich der Verfasser dadurch, daß er (Seite 40, 41) sagt: „nach der Ursache der Gesinnung so wie nach der Ursache der obersten Maxime eines Menschen, kann man zwar fragen: aber der gemeine Verstand bescheidet sich im ersteren, so wie der philosophische im lezteren Falle, daß die Frage gänzlich unbeantwortlich sei." — Allein hier hat der Verfasser offenbar zwo Fragen in einander verwikkelt. Nach der Ursache eines Dinges fragen, kann entweder so viel bedeuten, als wissen wollen,

   a) welches ist die Ursache davon? — oder aber wissen wollen,

   b) hat das Ding auch eine zureichende Ursache?

Bei num. a nun bescheidet sich zwar der gemeine Verstand oft in Absicht auf die Gesinnung des Menschen, oder er hält die Frage a, welches die Ursache von der Gesinnung eines Menschen sei, in vielen Fällen für unbeantwortlich. Bei num. b hingegen bescheidet er sich niemals; denn er hält die Frage b, angewandt auf die Gesinnung des Menschen, nicht nur für beantwortlich, sondern hält ihre Bejahung so gar für nothwendig, hält es für nothwendig, daß auch dieses Ding, welches er Gesinnung des Menschen nennt, eine zureichende Ursache haben müsse. Dem philosophirenden Verstande geht es diesfalls wie dem gemeinen; auch er kann sich so wenig als dieser so weit bescheiden, daß er die Frage b, ob denn die Gesinnung (oberste Maxime) des Menschen auch noch einen zureichenden Grund habe, für unbeantwortlich hielte; da ja, nach des Verfassers eigenen Worten (Seite 11) der Saz des zureichenden Grundes seine Herrschaft über alles Denkbare ausdehnt, und folglich dieser Saz auch auf Maximen (sie heissen höhere oder niedrere Maximen) angewandt werden muß.

Durch den, in der That blendenden, Ausdruk einer **obersten Maxime**, womit Herr Forberg die Gesinnung des Menschen bezeichnet, wird man leicht überredet, sich nun in der Lehre von der Freiheit wenigstens um einen Schritt weiter gebracht, und die Schwierigkeiten von den einzelnen Handlungen hinweg, doch weiter hinaus und auf ihre obersten Bedingungen geschoben zu glauben. Allein was ist **oberste Maxime** in dem Sinne des Verfaſſers? Nichts als der höchſte Gattungs-Begriff für alle Arten von Entſchlieſſungen eines Menſchen. Trift aber Unerklärbarkeit, ſie ſei von welcher Art ſie wolle, ſchon den höchſten Gattungs-Begriff, ſo trift ſie implicite auch ſchon die ganze Sphäre niedrigerer Begriffe, die unter ihm ſtehen; und ſo wie wir uns demnach keine Gattung denken können, ohne zugleich auch an gewiſſe inferiora zu denken, eben ſo bringt eine Unerklärbarkeit, die dem Gattungsbegriffe anhangt, zugleich auch ſchon eben die Unerklärbarkeit für ſeine inferiora mit ſich. Bei Naturgegenſtänden hat nun dies freilich nicht ſo viel auf ſich, weil da der Urſprung des Einzelnen, unabhängig vom Urſprunge der ganzen Gattung, durch die Erfahrung gegeben wird. Aber im Reiche bloſer Begriffe fällt alle Dunkelheit, welche den oberſten Begriff umhüllt, gleich ſtark auch auf die niedrerern: weiß ich z. B. über einen Geiſt an ſich, als bloſen Begriff, nichts beſtimmtes auszuſagen, ſo weiß ich auch eo ipso eben ſo wenig beſtimmtes von einem einzelnen Geiſte, wenn ich mir bei dieſem lezteren nicht eine μεταβασις εἰς ἀλλο γενος, — Eingriffe in das Gebiet der Erfahrung — erlauben will.

B) Herrn Forbergs Beweis, daß durch die Kantiſche Freiheitslehre 2) kein geſezloſes Vermögen zu handlen eingeführt werde (Seite 46).

Herr Forberg zeigt zu dem Ende wieder a) daß es Gesezze selbst des freien Willens gebe, b) was man sich von diesen Gesezzen eines freien Willens für einen Begriff zu machen habe.

a) „Der Kantische freie Wille ist kein **geszlo-ses Vermögen zu handlen; denn a) es giebt Gesezze selbst des freien Willens.**

„Sie wollen beweisen, (heißt es Seite 47 gegen Hrn. Kreutzer,) daß die Kantische Philosophie die Geszlosigkeit des freien Willens, wo nicht mit ausdrüklichen Worten, doch in der Sache selbst behaupte, und diesen Beweis glauben Sie dadurch führen zu können, daß Sie sich auf diejenige Stellen der Kantischen Schriften berufen, in welchen nicht blos die sittlichen, sondern auch die unsittlichen Handlungen für wirkliche Aeusserungen der Freiheit erklärt werden.

„Sie gestehen selbst, daß Sie sich ein Vermögen, eben so gut sittlich als unsittlich zu handlen, oder, welches eines ist, ein Vermögen, kontradiktorisch entgegengesezte Wirkungen hervorzubringen, nicht ohne Widerspruch denken können, und daß Sie unvermögend seien, in einer solchen Freiheit, die im Grunde nichts anders, als der Zufall selbst ist, die allergeringste Gesezmäßigkeit zu erkennen.

„Es ist Ihrem Scharfsinne nicht entgangen, daß die zurechnenden Urtheile, die von unserem moralischen Bewußtseyn unzertrennlich sind, gleichwohl unter keiner anderen Voraussezzung gerechtfertiget werden können, als unter der Voraussezzung einer Freiheit, die eben so gut sittlich als unsittlich zu handlen vermag. Allein eben dies ist Ihnen der vollgültigste Beweis, daß das grosse Problem der Freiheit auch selbst durch die Kantische Philosophie noch nicht aufgelöst, sondern höchstens etwa seiner Auflösung näher gebracht worden sei (Seite 48).

„Um Sie von dem Gegentheile zu überzeugen, bleibt mir, da die Gültigkeit der zurechnenden Urtheile so sehr über allen Zweifel erhaben ist, daß, wenn einer daran zu zweiflen vorgiebt, er uns doch nicht einmal beweisen kann, daß es ihm Ernst damit sei, nichts andres übrig, als den Beweis zu führen

daß ein Vermögen, eben so gut sittlich als unsittlich zu handlen, allerdings ein gesezmäsiges Vermögen, und folglich vom blosen Zufalle noch immer unterschieden seyn könne.

„Wenn Sie sich den Zufall als ein Etwas denken wollen, so müssen Sie sich entschliessen, eine Kraft zu denken, deren Handlungen in keiner Rüksicht als nothwendig gedacht werden können, eine Kraft, die schlechterdings an kein Gesez gebunden ist, welches ihre Handlungsweise auf eine unveränderliche und gleichförmige Art bestimmte.

„Es ist kein Zweifel, daß dieser Gedanke einen Widerspruch in sich schließt, indem eben die Gleichförmigkeit der Handlungsweise das Einzige ist, was uns berechtiget, von dem Begriffe einer Kraft Gebrauch zu machen. — Eine Kraft, die völlig ungleichförmige Wirkungen hervorzubringen vermöchte, wie z. B. eine Zeugungskraft, mit deren Wirkungen wir in Gefahr wären, die Wirkungen der Denkkraft zu verwechseln, wäre doch wohl der vollkommenste Widerspruch, der Jhnen je vor die Augen gekommen? (Seite 50.) — (Ist denn aber ein Vermögen, eben so wohl sittlich als unsittlich zu handeln, keine Kraft, völlig ungleichförmige Wirkungen hervorzubringen, heißt sittlich sowohl als unsittlich handeln gleichförmig handeln, ist also ein Vermögen eben sowohl sittlich als unsittlich zu handeln, nicht, nach des Verfassers eigener Erklärung vom Zufall, der vollkommenste Widerspruch, der einem je vor die Augen gekommen?)

„Was soll nun aber eine freie Kraft seyn? Soll sie nicht eines seyn mit dem Zufall, so wird man sich dieselbe als ein Prinzip **gleichförmiger Wirkungen** denken müssen (Seite 51).

"Da sich keine Kraft ohne Gleichförmigkeit ihrer Handlungsweise denken läßt, so läßt sich eben darum auch keine Kraft denken, die nicht an Gesezze gebunden wäre; denn unter Gesezzen verstehen wir niemals etwas anderes, als Sätze, die die gleichförmige Handlungsweise der Kräfte bestimmen (Seite 52).

"Freie Kräfte werden also, bei aller ihrer Freiheit, gleichwohl an Gesezze gebunden seyn müssen, die ihre Handlungsweise auf eine gleichförmige Art bestimmen; denn unmöglich kann ihre Freiheit so weit gehen, daß sie selbst verlangen dürfen, anders, als nach den Gesezzen unseres Denkens, gedacht zu werden. (ebendaselbst.)

"**Es giebt also Gesezze selbst des freien Willens**; aber

b) **was werden wir uns von den Gesezzen, denen selbst freie Kräfte unterworfen seyn müssen, für einen Begriff zu machen haben?** (Seite 52).

"Ohne Zweifel einen solchen, der sich einestheils aa) mit der Eigenthümlichkeit eines Gesezzes, und anderntheils bb) mit der Eigenthümlichkeit derjenigen Kräfte, denen das Gesez vorgeschrieben wird, verträgt.

F

„Lassen Sie uns beyde Eigenthümlichkeiten einige Augenblicke in Erwägung ziehen! (Seite 53.)

aa) Eigenthümlichkeit eines Gesezzes.

„So bald wir den Versuch machen, uns das Gesez irgend einer Kraft zu denken, so fällt uns sogleich das Merkmal der Nothwendigkeit in die Augen, mit welcher das Gesez der Kraft gebietet. Das Gesez schreibt der Kraft die Gleichförmigkeit ihrer Handlungsweise, mithin dasjenige vor, ohne welches sie aufhören müßte, den Namen einer Kraft noch ferner zu verdienen. So unmöglich es daher ist, daß eine Kraft darauf Verzicht thue, eine Kraft zu seyn, eben so unmöglich ist es auch, daß eine Kraft sich von dem Gesezze entbinde, welches ihr jene Gleichförmigkeit vorschreibt. (ebendaselbst.)

bb) Eigenthümlichkeit der Gesezze freier Kräfte.

„Wenn es daher freie Kräfte giebt, so werden wir uns von den Gesezzen, welchen sie unterworfen sind, keinen andern Begriff machen dürfen, als α) einen solchen, worin die Nothwendigkeit, womit sie den freien Kräften Gleichförmigkeit ihrer Handlungsweise vorschreiben, ein wesentliches Merkmal ist. β) Ein, nicht weniger wesentliches, Merkmal aber derjenigen Gesezze, welche freien Kräften zu gebieten fä-

hig seyn sollen, muß dieses seyn, daß sie durch
die Nothwendigkeit, mit welcher sie die gleichförmige Handlungsweise jener Kräfte bestimmen,
dennoch die Freiheit derselben nicht aufheben.
(Seite 54.)

„Um diesen, wie es scheint, räthselhaften Begriff
eines Gesezzes, (das zugleich nothwendig, und doch auch nicht nothwendig,
oder vermeidlich-nothwendig gebietet, man vergleiche Seite 62) zu finden, erlauben Sie mir den entgegengesezten Begriff derjenigen Gesezze, welche die Freiheit der,
ihnen unterworfenen, Kräfte schlechterdings aufheben, etwas näher zu beleuchten. Es ist dies
der Begriff der Naturgesezze.

„Naturgesezze gebieten Naturkräften; aber sie gebieten ihnen nur unter der Bedingung, daß eine
Ursache vorhergegangen ist, die die Thätigkeit dieser Kräfte in Bewegung sezte, und
dieser Umstand ist es allein, der es erweislich
unmöglich macht, daß eine Kraft, wiefern sie
unter Naturgesezzen steht, zugleich auch eine
freie Kraft seyn könnte.

„Man darf nur den Begriff einer Naturkraft zergliedern, um sich zu überzeugen, daß sich keine
Naturkraft denken lasse, die an andere Gesezze
gebunden wäre als an solche, die ihr unter der,
eben erwähnten, Bedingung gebieten. Natur-

kräfte nennen wir diejenigen Kräfte, deren Daseyn und Beschaffenheit wir aus den Veränderungen erkennen, welche sich im Gebiete der Erfahrung ereignen. In diesen Veränderungen muß sich eine Gleichförmigkeit offenbaren, wenn wir berechtiget seyn sollen, sie für etwas mehr, als für ein Spiel des blosen Zufalles auszugeben, und sie für Aeusserungen einer Kraft zu erklären. Jede Naturkraft ist daher an ein Gesetz gebunden, welches ihr die Gleichförmigkeit der Veränderungen, die sie durch ihre Thätigkeit hervorzubringen hat, vorschreibt. Da es aber jederzeit eine Veränderung, mithin etwas Entstandenes, ist was eine Naturkraft hervorbringt: so kann die Kraft selbst unmöglich immer in Thätigkeit gewesen seyn, weil sonst ihre Wirkung auch immer hätte vorhanden seyn müssen, und folglich nicht erst irgend einmal hätte entstehen können. Es läßt sich daher keine Naturkraft denken, deren Thätigkeit nicht selbst erst irgend einmal hätte entstehen müssen, oder, welches eben so viel heißt, deren Thätigkeit nicht eben sowohl als ihre Wirkung eine Veränderung wäre. Kann aber eine Naturkraft auf keine andere Weise thätig seyn, als so, daß ihre Thätigkeit immer erst irgend einmal entsteht, so ist nichts gewisser, als daß sich keine Thätigkeit einer Naturkraft denken läßt, die nicht durch eine vorhergehende Ursache nothwendig bestimmt wäre. Denn wir sind unvermögend uns etwas Entstandenes zu denken, ohne vorauszusezzen, daß ihm sein Plaz in der Zeit durch etwas vorhergehendes auf eine nothwendige und unveränderliche Weise angewiesen wäre. Wenn nun aber ein Naturgesez nichts anderes ist, als ein Saz, der die gleichförmige Handlungsweise einer Naturkraft ausdrükt, die Handlungsweise einer Naturkraft aber das Eigenthümliche an sich trägt, daß sie immer auf eine vorhergehende Ursache zurükweiset, die die Thätigkeit der Kraft erst in Bewegung sezzen muß: so ist es, dünkt mich, einleuchtend, daß Naturgesezze den Naturkräften niemals gewisse Handlungsweisen **unbedingt gebieten** können, sondern daß sie sich begnügen müssen, sie denselben nur unter der Bedingung vorzuschreiben, daß gewisse Ursachen vorhergegangen sind, die die Kräfte selbst erst zur Thätigkeit bestimmen mußten (Seite 58). „Wenn es gewiß ist, wie es denn ungezweifelt gewiß ist, daß keine Naturkraft wirken kann, ohne durch eine vorhergehende Ursache zur Wirksamkeit bestimmt zu seyn, so ist es eben so gewiß

  daß die Wirksamkeit der Naturkräfte niemals frei ist.

Sollte sie frei seyn, so müßten es diese Kräfte in ihrer Gewalt haben, ihre Wirksamkeit eben so gut zu äussern als nicht zu äussern. Allein dies haben sie augenscheinlich nicht in ihrer Gewalt, da die bestimmenden Ursachen ihrer Wirksamkeit immer in dem Gebiete der Vergangenheit liegen, wohin sich ihre Macht niemals erstrekt. Denn sollte sich ihre Macht bis dahin erstrekken, so müßte es kein Widerspruch seyn, wie es doch unläugbar einer ist, das Geschehene ungeschehen, oder das Nichtgeschehene geschehen zu machen. Naturkräfte mögen also thätig oder unthätig seyn, so sind sie in beiden Fällen niemals frei (Seite 61).

„Wir wollen nun eine Kraft sezzen, die keine Naturkraft ist, deren Handlungen folglich nicht als Veränderungen, die in der Zeit entstehen, gedacht werden darfen, eine Kraft, die wir im Gegensazze der Naturkräfte eine intelligible Kraft nennen wollen, — und mich dünkt, wir haben in dem Begriffe des Gesezzes, dem eine solche Kraft unterworfen seyn muß, den Begriff eines Gesezzes gefunden, dem eine freie Kraft unterworfen seyn kann. Es ist dies der Begriff

eines unbedingten Gesezzes, d. i. eines Gesezzes, welches zwar die Vorschrift einer gleichförmigen Handlungsweise enthält, welches aber dabei keine Rüksicht nimmt auf vor-

hergegangene Ursachen, die die Thätigkeit der
Kraft erst in Bewegung sezzen müßten.

In dem Begriffe eines solchen Gesezzes, welcher eigentlich nichts weiter, als das Gegentheil
vom Naturgesezze ausdrukt, finden sich die beiden
Merkmale vereiniget, von denen wir schon im voraus erkannten, daß sie sich in dem Begriffe eines
Gesezzes freier Kräfte vereiniget finden müßten.
Es findet sich

1) das Merkmal der **Nothwendigkeit** darinn, ohne welches sich überhaupt kein Gesez irgend einer Kraft denken läßt.
2) Steht diese Nothwendigkeit mit der **Freiheit** wenigstens in keinem erweißlichen Widerspruche.

Der Umstand, daß Naturgesezze nur unter Voraussezzung einer vorhergegangenen, mithin unwiderstehlichen, Bedingung geboten, war es allein,
der die Naturkräfte aller Freiheit beraubte. Denken wir uns also ein Gesez, welches nicht unter
Voraussezzung einer solchen unwiderstehlichen Bedingung gebietet, so denken wir uns ein Gesez,
welches den, ihm unterworfenen, Kräften, die freilich keine **physische**, sondern nur **intelligible**
seyn können, zwar unbedingt, aber eben
darum auch nicht unwiderstehlich gebietet, und welches ihnen folglich vollkom-

mene Freyheit läßt, auch das Gegentheil von dem zu thun, was es ihnen vorschreibt. Seite 66. folg. (Wie reimt sich doch dies mit dem, was der Verfasser Seite 14 ausdrüklich sagt: Ich wenigstens, heißt es dort, vermag mir keinen unzureichenderen Grund zu denken, als den, der das, was nicht gesezt wird, völlig eben so gut begründet, als sein Gegentheil, was gesezt wird; — folglich in der That nichts unzureichenderes, als

> ein Gesez, das den, ihm unterworfenen, Kräften zwar unbedingt, aber eben darum auch nicht unwiderstehlich gebietet, und welches ihnen folglich vollkommene Freiheit läßt, auch das Gegentheil von dem zu thun, was es ihnen vorschreibt.

Wir dürfen unsern Gegner, fährt der Verfasser fort, getrost auffodern, uns zu sagen, welcher Grund denn wirklich unzureichend sei, wenn dieser zureichend ist? — und wir können uns einstweilen im Vertrauen versichern, daß er uns die Antwort schuldig bleiben wird. (Läßt sich dies alles nicht wörtlich auf den Verfasser selbst anwenden?) Noch auffallender wird der Widerspruch, wenn man Seite 17 vergleicht. Hier heißt es: und was sollte ihr (der Freiheit) auch sonst entgegenstehen? Etwa die Nothwendigkeit, mit welcher in dem Begriffe (schon in dem Begriffe) eines Bestimmungsgrundes das Daseyn des Begründeten gedacht wird? Allein diese Nothwendigkeit ist nur dem Begründeten unüberwindlich (und izt macht er sie vermeidlich: denn ein Gesez ist doch wohl, auch ausser der Zeit gedacht, ein gewisser Grund, und die, dem Gesezze unterworfenen, Kräfte, sie seien immerhin blos intelligible Kräfte, sind doch wohl das, durch das Gesez Begründete. Nach Seite 14 sollten also diese intelligiblen Kräfte, als das Begründete, mit einer unüberwindlichen Nothwendigkeit an das Gesez, als ihren Grund, gebunden seyn, und izt, Seite 66, 74 u. s. w. wird die Nothwendigkeit, womit ein gewisses Begründetes (eine intelligible Kraft) an seinen Grund (an das Gesez) gebunden ist, zur vermeidlichen Nothwendigkeit gemacht, vergl. S. 18, 20 ⸱ 23). — Bis hieher mußte ich dem Verfasser nachgehen, eh ich zu einer vollständigeren Prüfung des zweiten Hauptstüks seiner Schrift fortschreiten konnte.)

Prüfung.

Herr Forberg sucht zu beweisen, daß durch den Kantischen freien Willen kein geseszloses Vermögen zu handlen eingeführt werde.

Er giebt zu 1) daß, was eine Kraft seyn soll, unter bestimmten Gesezzen stehen müsse; (sonst wäre es keine Kraft, sondern Zufall,) und zwar 2) unter Gesezzen, welche der Kraft eine gewisse Gleichförmigkeit in ihren Wirkungen nothwendig machen; (sonst wären es keine Gesezze.)

Allein bei einer freien Kraft kommt noch dies hinzu, daß die Nothwendigkeit, mit welcher sie die Gleichförmigkeit ihrer Wirkungen betreibt, dennoch die Freiheit derselben nicht aufheben darf.

Diese Freiheit aber, meynt der Verf., wird ungeachtet aller Nothwendigkeit, in der That nicht aufgehoben, wenn das Gesez, unter welchem die freie Kraft steht, aus allen Zeitverhältnissen, folglich auch aus aller Abhängigkeit von vorangehenden Ursachen herausgehoben, und ganz rein als unbedingter alleiniger Selbstgrund seiner Wirkungen betrachtet wird, d. i. wenn es ein unbedingt gebietendes Gesez ist, unter welchem die freie Kraft steht.

In diesem Falle kann eben dasselbe, an sich nothwendige, Gesez dennoch auch nicht nothwendig, oder, wies der Verfasser nennt, vermeidlich - nothwendig seyn, also gar wohl den zurei henden Grund von kontradiktorisch-entgegengesezten Wirkungen enthalten.

Herrn Forbergs Schluß ist dieser:

Was ein an sich, und als Gesez, nothwendig gebietendes Gesez ist, das gebietet zwar, als Gesez, allerdings nothwendig, aber eben dies Gesez gebietet doch dabei auch nicht nothwendig oder vermeidlich-nothwendig, in so ferne es allen Zeitverhältnissen entrükt, dadurch von allen vorangehenden Ursachen unabhängig, und zum **unbedingten** Gesezze, zum unbedingten alleinigen Selbstgrunde aller seiner Wirkungen, gemacht wird; das Gesez einer freien Kraft ist ein an sich, und als Gesez, nothwendig gebietendes Gesez: folglich gebietet es zwar als Gesez allerdings nothwendig, aber eben dies Gesez gebietet doch dabei auch nicht nothwendig oder **vermeidlich**-nothwendig, in so ferne es allen Zeitverhältnissen entrükt, dadurch von allen vorangehenden Ursachen unabhängig, und zum **unbedingten** Gesezze, zum unbedingten alleinigen Selbstgrunde aller seiner Wirkungen, gemacht wird.

Ich schliesse dagegen aus einem Mittelbegriffe, den mir der Verfasser selbst in der ersten Hälfte seiner Schrift Seite 17 darzu hergiebt, folgendermaasen:

Wenn es schon der Begriff eines Grundes mit sich bringt, daß das Begründete mit unüberwindlicher Nothwendigkeit an ihn, als Grund, gebunden seyn muß, so bringt es auch schon der Begriff eines Gesezzes mit sich, daß die, durch dasselbe begründeten, Wirkungen mit unüberwindlicher Nothwendigkeit an dies Gesez gebunden seyn müssen: nun aber bringt es schon der Begriff eines Grundes mit sich, daß das Begründete mit unüberwindlicher Nothwendigkeit an ihn, als Grund, gebunden seyn muß (Seite 17); folglich bringt es auch schon der Begriff eines Gesezzes mit sich, daß die, durch dasselbe begründeten, Wirkungen mit unüberwindlicher Nothwendigkeit an dies Gesez gebunden seyn müssen.

In diesem Schlusse subsumirte ich blos den Begriff eines Gesezzes unter den Begriff des Grundes, wogegen sich hoffentlich nichts wird einwenden lassen, und nachdem ich dies gethan, legte ich dem Begriffe eines Gesezzes auch eben dasselbe Prädikat bei, welches der Verfasser selbst, Seite 17 u. s. w., dem Begriffe des Grundes beigelegt hatte.

Aber ich schliesse nun weiter:

Wenn es schon der Begriff eines Gesezzes mit sich bringt, daß die, durch dasselbe begründeten, Wirkungen mit unüberwindlicher Nothwendigkeit an dies Gesez gebunden seyn müssen, so kann ein und eben dasselbe Gesez unmöglich kontradiktorisch-entgegengesezte Wirkungen hervorbringen: nun aber bringt es schon der Begriff eines Gesezzes mit sich, daß die, durch dasselbe begründeten Wirkungen mit unüberwindlicher Nothwendigkeit an dies Gesez gebunden seyn müssen: folglich kann ein und eben dasselbe Gesez unmöglich kontradiktorisch-entgegengesezte Wirkungen hervorbringen.

Ueberhaupt muß man sich nicht nur aus den Verhältnissen der Zeit hinausdenken, sondern seinen ganzen Begriff von einem Grunde, als Grund aufgeben, wenn man die Sezbarkeit sowohl als die Nichtsezbarkeit einer Sache aus einem und eben demselben Grunde ableiten will; denn indem man durch denselben Grund eine Sache sezt und auch nicht sezt, so stößt man seinen eigenen Begriff von einem Grunde um. Ob ein solcher Grund nun noch von vorangegangenen Ursachen in der Zeit abhängig oder unabhängig gemacht wird, dies thut eigentlich gar nichts zur Sache; nur fällt in lezterem Falle der Widerspruch noch deutlicher in die Augen; denn was ich von allen anderen Ursachen unabhängig mache, das mache ich eben dadurch zum alleinigen vollgültigen Selbstgrunde aller seiner Wirkungen, und von dem, was alleiniger, vollgültiger Selbstgrund aller seiner Wirkungen seyn soll, wird es mir nur um so schwerer zu begreifen, daß es, als dieser vollgültige Selbstgrund alles dessen was es ist und was es wirkt, dennoch eben sowohl die Sezbarkeit als auch Nichtsezbarkeit seiner Wirkungen mit sich bringen soll.

An den Widerspruch, welcher jedem uneingenommenen in dem Begriffe einer **vermeidlichen Nothwendigkeit** von selbst auffallen muß, habe ich gar nicht erinnert. Die Aufnahme dieser, vorher unbekannten, Art der Nothwendigkeit in die Reihe denkbarer Begriffe sucht man dadurch zu rechtfertigen, daß man sich auf das **Sollen** des moralischen Gesezzes, als auf eine, in unserm Bewußtseyn gegebene, Thatsache beruft (Seite 73), und dies **Sollen** alsdann durch eine **vermeidliche** Nothwendigkeit auslegt. Allein was es mit dieser Thatsache für eine Bewandtniß habe, daß sie, die uns allein für eine vermeidliche Nothwendigkeit bürgen soll, selbst auf einer unvermeidlichen Täuschung beruhe, ist in der vorstehenden Abhandlung gezeigt worden. Der Begriff des Sollens, wie man ihn im gemeinen Leben immer verstand und izt auch in der Philosophie versteht, war von jeher blose Folge des, auf einer Täuschung beruhenden, Begriffes von einem **Können wie man will**, von einem **willkührlichen Können**, von einer unbedingten Macht über das pro und contra. Es ließ sich nicht wohl sagen: **du sollst:** ohne schon vorauszusezzen, man könne, und mit dem unbedingten **Können** fällt also auch ein unbedingtes **Sollen**. Ist es nicht überdies ein völliger Cirkel im Beweisen, wenn man sich bei der Behauptung einer willkührlichen Freiheit auf das **Sollen**, und bei dem **Sollen** auf seine Behauptung von einer willkührlichen Freiheit beruft? Wir wären also willkührlich frei, weil wir sollen, und wir sollen, weil wir willkührlich frei sind; man schreibt unserm Gemüthe eine gewisse Eigenschaft zu wegen einer gewissen Wirkung, und diese Wirkung schreibt man ihm blos wieder zu wegen jener Eigenschaft. Zwar wird man antworten: nichtsweniger a l s w e g e n j e n e r E i g e n s c h a f t, sondern als ausgemachte Thatsache schreibe man unserm Gemüthe die Wirkung des S o l l e n s zu; allein in welchem Sinne nimmt man diese Thatsache? Sie ist doch gewiß mehr als eines Sinnes fähig; — in keinem andern, als in dem, welchen man ihr bereits durch die Voraussezzung einer willkührlichen Freiheit vorgeschrieben hat, und also dreht man sich wirklich in einem Cirkel.

Doch dem möchte nun auch seyn wie ihm wollte, wenn sich nur die Voraussezzung selbst nicht, nach unsern bisherigen Untersuchungen, in Widersprüche auflößte. Ich schliesse mit einer kurzen Zusammenstellung aller Hauptgedanken der Forbergischen Schrift in ihrer Verbindung unter einander:

Der Wille bringt selbstbeliebig Maximen hervor, deren z u r e i c h e n d e r Grund immer wieder in höheren Maximen liegt, aber deren l e z t e r Grund unergründlich ist, d. i. wobei man den zureichenden Grund zur alleroberſten Maxime gar nicht mehr finden kann.

Aus Maximen gehen Entschliessungen hervor, die zwar, in so ferne sie ihren zureichenden Grund in Maximen haben, unvermeidlich und nothwendig sind; in so ferne aber das Zeitverhältniß zwischen ihnen und den Maximen aufgehoben wird, und a l s o die M a x i m e n i h n e n n i c h t v o r a n g e h e n, durch die mögliche Vermeidung ihres

Grundes (der Maximen) selbst auch vermeidli werden, folglich ganz in unserer Gewalt stehen.

Das Gesez, welches sich der Wille vorschreib ist nothwendig, (sonst wäre es kein Gesez).

Aber weil auch hier das Zeitverhältniß aufgeh ben wird, so hängt dies Gesez von keinen vo hergehenden Ursachen ab; sondern gebie ohne vorangegangene Bedingungen, folglich u bedingt.

In so ferne es ohne vorangegangene B bingungen, gebietet, ist die Nothwendi keit, womit es gebietet, eine vermeidlic Nothwendigkeit (ein bloses Sollen, kein Müsse)

Diese Vermeidlichkeit dessen, was das Ge gleichwohl gebietet, beruht demnach blos daran weil es von allen vorangegangenen Ursachen un hängig, der alleinige Selbstgrund seiner Wirk gen ist.

Nun aber heißt Vermeidlichkeit dessen, was Gesez gleichwohl gebietet, nichts anders als V meidlichkeit des Begründeten, auch wenn der Gr (es sei in oder ausser der Zeit) gesez wird; t da der Verfasser oben in der Beurtheilung der B stimmungsgründe (Seite 17 u. f. w.) dies, da mit Sezzung des Grundes, das Begründete n noch vermeidlich sei, als etwas schlechterdings gedenkbares verwirft: so widerspricht er sich l selbst; denn er nimmt an was er vorher für gedenkbar erklärt hatte, er löset selbst das u löslische Band auf, wodurch Ursache und Wi zusammengehalten werden, und gegen dessen lösung er so feierlich protestirt (Seite 20).